PSYCHOLOGY

理解

·

现实

·

困惑

心理经纬度·学术丛书

阅读障碍的认知机制及实证研究

隋雪　李雨桐　著

教育部人文社会科学规划基金项目（19YJA190005）
辽宁师范大学高端培育项目（21GDW005）
辽宁省教育厅一般科研项目（LJKZ0988）
国家留学基金项目（202008210375）
博士后部分工作（博士后编号：243514）

中国纺织出版社有限公司

内 容 提 要

本书主要对发展性阅读障碍研究的文献进行了回顾与挖掘，对发展性阅读障碍的基本特征进行分析总结，并对此领域较有影响力的理论展开述评。本书阐述了一系列实证研究，首次系统性地对发展性阅读障碍儿童的认知机制、研究进展进行了多角度呈现。对该领域研究的系统了解有利于对发展性阅读障碍问题的早期关注和早期筛查，为家长提高儿童的阅读能力提供更科学的参照，为基础语文教学关注阅读个体差异提供了科学依据，也为心理学专业学生进行阅读领域的相关研究提供了范本。

图书在版编目（CIP）数据

阅读障碍的认知机制及实证研究 / 隋雪，李雨桐著
. -- 北京：中国纺织出版社有限公司，2022.11
（心理经纬度·学术丛书）
ISBN 978-7-5180-9940-5

Ⅰ.①阅… Ⅱ.①隋… ②李… Ⅲ.①儿童 — 阅读 — 学习障碍 — 研究 Ⅳ.①G442

中国版本图书馆CIP 数据核字（2022）第189849 号

责任编辑：关雪菁　宋　贺　　　责任校对：高　涵
责任印制：王艳丽

中国纺织出版社有限公司出版发行
地址：北京市朝阳区百子湾东里 A407 号楼　邮政编码：100124
销售电话：010—67004422　传真：010—87155801
http://www.c-textilep.com
中国纺织出版社天猫旗舰店
官方微博 http://weibo.com/2119887771
北京虎彩文化传播有限公司印刷　各地新华书店经销
2022 年 11 月第 1 版第 1 次印刷
开本：787 × 1092　1/16　印张：14
字数：215 千字　定价：89.90 元

前　言

1985年，我在东北师范大学心理学专业学习，周末经常有高中同学来师大，我带他们看人工湖的荷花。我们也会交流很多问题，记得有同学问过，为什么有人读书快，有人读书慢？带着这样的疑问，在接下来的大学学习中我不断地进行思考、探究。1995年，大学班主任的工作带给我更多的困惑：为什么有这么多期末考试不及格的大学生？学生们认为是老师太狠，评出了四大“名捕”；教师们认为是学生的学习能力太差。

2005年，我开始指导研究生，也开始了对某一个问题的深入探索。这一年我们开始研究学生为什么学习困难，阅读的问题在哪里。这是Samuel Kirk在1963年提出的一个问题，引出了后来的很多研究。基于对这个问题的探索，我们发表了两篇CSSCI论文，也完成了国家教育科学“十五”规划课题（FBB011028）的部分工作。在接下来的研究中，我们逐渐把学习困难的原因定位在阅读上，语文、数学的学习困难都与阅读有关。根据世界卫生组织于1993年颁布的国际疾病分类（International Classification of Disease，ICD）第 10 版的定义标准，阅读障碍分为获得性阅读障碍（acquired dyslexia）和发展性阅读障碍（developmental dyslexia）。教育界和心理学界主要研究后者（本书中简称“阅读障碍”）。

经过 5 年的研究，我们发现阅读障碍群体具有很大的异质性，给人以“千人千面”的感觉。2012 年，我们得到了教育部人文社科基金（12YJA190016）的支持，探究阅读过程及脑机制；2019 年，我们再次得到教育部人文社科基金（19YJA190005）的支持，探究阅读障碍儿童的视觉空间注意。非常幸运的是，这一年李雨桐博士开始跟我合作，进行她的博士后研究。经过讨论和协商，最后确定她的博士后一部分工作就是撰写并出版《阅读障碍的认知机制及实证研究》一书。

本书对课题组十几年的研究工作进行总结与回顾。第一章对阅读障碍的基本特征及相关理论进行了综述。本章内容有利于读者把握阅读障碍儿童的外部表现，以及识别可能有阅读障碍的儿童。本章也为教育工作者和相关领域的研究者提供了理论参考，有利于从理论上解释阅读障碍儿童的行为表现及其形成原因。第二章从语言的最小单位入手，介绍了语言的基本元素（语素）及个体对语素的理解能力。本章也讨论了语素意识干预在教学中的应用。第三章是阅读障碍儿童对汉字音、形、义加工的研究。这也是阅读障碍研究的核心，从根本上证明了阅读障碍儿童的阅读问题表现在对汉字基本属性的加工上。尽管汉字是表意文字，阅读障碍儿童除了语义加工落后外，对字音和字形的加工也存在明显不足。第四章是关于汉字注意广度的研究。注意广度影响阅读加工的速度，阅读障碍儿童的汉字注意广度比阅读正常儿童小很多。这也可以成为鉴别阅读障碍的一个指标。第五章是关于视觉搜索及视动整合能力的研究。视觉搜索与特征识别与注意广度有关。实验发现，阅读障碍儿童的视觉搜索能力、视动整合能力较差。至少可以说明阅读障碍与视觉搜索及视动整合的相关性。第六章对阅读的眼动特征进行了研究。言语加工涉及认知加工系统与眼动控制系统的配合。

本书对阅读障碍者这一特殊群体在不同方面的表现进行了创造性的研究和分析，也提出了一些有价值的研究课题，比如基于拼音文字研究提出的理论对汉语阅读障碍的解释力如何；语素理解能力较差是阅读障碍的成因，还是结果；注意广度与阅读障碍的本质联系是什么，注意广度训练是否能解决阅读障碍问题；视觉搜索与阅读理解不同，那么视觉搜索能力差与阅读障碍的关系的本质是什么？都值得未来研究的进一步探索。

三年来，李雨桐博士后坚持写作，完成了书稿。我能够感受到三年来李雨桐博士后的成长、对心理学知识的积累、研究能力的提高，以及对研究的热情，这也保证了本书的质量。以此文为书序，也作为李雨桐博士后未来研究之序。相信今后她一定会踏踏实实做学问，一丝不苟做研究，为言语加工这个领域贡献自己的青春和智慧。

隋雪

2022 年 9 月 1 日

目　录

Chapter Ⅰ

第一章　阅读障碍的基本特征及相关理论

Chapter Ⅱ

第二章　阅读障碍儿童的语素理解及运用

Chapter Ⅲ

第三章　阅读障碍儿童音、形、义加工

Chapter Ⅳ

第四章 阅读障碍儿童的汉字注意广度

Chapter Ⅴ

第五章 阅读障碍儿童的视觉搜索及视动整合能力

Chapter Ⅵ

第六章 阅读障碍儿童阅读的眼动特征

Chapter Ⅰ | 第一章

阅读障碍的基本特征及相关理论

第一节　阅读障碍的基本特征

一、阅读及阅读障碍的界定

阅读，包括阅、读两个部分。阅，偏旁为“门”，有门内检点数目之意，引申为“看、查看”，也就是眼睛的注视行为；读，是按顺序念文字，发其声。阅读是眼睛与嘴的合作。所以，阅读就是用眼睛看文字的同时，用嘴念出来。不强调一定有声音，可以出声读，也可以默读；也不强调一定同步，可以眼睛先看，嘴后读。看与读之间的这段时间间隔，是眼音距（eye-voice distance）。例如下面的内容：

曲则全，枉则直；洼则盈，敝则新；少则得，多则惑，是以圣人抱一为天下式。不自见，故明；不自是，故彰；不自伐，故有功；不自矜，故长。夫唯不争，故天下莫能与之争。古之所谓“曲则全”者，岂虚言哉？诚全而归之。

当你看到的时候，能不能读出来？读出来了，能不能理解？

在注视、发音后，要理解文本信息，也就是阅读要理解。不仅要理解字面意义，也要理解隐含意义。在理解的基础上进行记忆，增长知识，提高认识能力。为了理解文本，个体要不断提高阅读理解能力，以便理解越来越复杂的文本，提高阅读能力也是个体成长的一个任务。阅读理解能力是人的基本能力，也是个体与他人进行有效沟通、获取信息的重要手段。阅读是从语言文字中获取知识、发展智力、完善自我，并获得审美体验的过程。

阅读，是从文字、图片、符号、公式、图表等视觉材料中获取信息的过程。在对视觉材料进行阅读加工的时候，其效果受到个体的先前知识经验、态度、人生阅历以及所处的社会文化背景等因素的影响。个体在阅读过程中，需要提取和理解文本信息的意义，因此，读者需要对所阅读的材料进行提取和编码，将所提取的信息转化成听觉或者视觉的言语表征，在编码的过程中，读者利用语素、语义、语法、语境等信息去解码和识别文本的意义，在个体已有的知识框架内，将个体已有知识与新获得的文本知识以及世界知识整合到一起，更好地理解材料的含义。

阅读是人类的一项非常重要的认知技能，个体之间的阅读能力差异很大，有的人能一目十行，阅读能力极强；有的人蜗行牛步，阅读能力较差。更有人在阅读后不能理解阅读内容，出现阅读障碍。阅读障碍对应的英文单词为 dyslexia，这个词语起源于希腊，dyslexia 的前缀 dys- 本意为“损伤”，其词根 -lexia 的含义为“词汇”，dyslexia 原意即词汇加工能力受损（隋雪，吕佳，2011）。阅读障碍是一种严重的学习障碍，根据阅读障碍的成因，阅读障碍还可以进行细分。

二、阅读障碍的分类

根据阅读障碍的成因，可以将阅读障碍分为两类：①获得性阅读障碍，这类阅读障碍是指由于各种可控或者不可控的大脑损伤造成的后天阅读障碍；②发展性阅读障碍，这类阅读障碍是指个体在生存发展的过程中没有明显的脑损伤或者器质性病变，相较于正常发展个体，其受教育水平相当、智力正常，但是阅读能力却显著地落后于同龄儿童（隋雪等，2018）。

有研究认为发展性阅读障碍的操作性定义应该包括四个方面：①持续的读写困难；②这种困难存在于发育中的儿童；③即使给儿童提供高效读写技能的指导和训练，他们仍表现出读写困难；④学习读写所需的语音处理技能受损。可以据此区分哪些人属于阅读障碍（Tunmer & Greaney，2010）。

第一，阅读障碍个体读和写存在困难，而且这种困难不是暂时性的，一般会存在很长时间；第二，这里的读写困难，主要存在于发育中的儿童群体，也就是说，儿童中的读写困难属于发展性的。成人群体很难区分阅读障碍，有些个体经过很多年的积累阅读，其能力也能达到正常水平，所以，对于成人的阅读障碍区分比较困难；第三，阅读障碍具有一定的稳定性，即使进行读写技能训练，短时间也很难消除；第四，阅读障碍与语音技能关系密切。

发展性阅读障碍是一种特殊的障碍，其特征是在获得阅读技能方面持续存在问题，这些问题并非因年龄、智力、学校教育不足所致。发展性阅读障碍又称为“特异性阅读障碍”，是迄今为止最常见的学习障碍类型，约占所有学习障碍的 80%(Lerner, 1989)。因有发展性阅读障碍这一学习障碍，儿童在学习过程中会产生沮丧的情绪，进而对其学习和社会生活产生更严重的负面影响，部分儿童会产生更高水平的阅读焦虑，生活中拥有较少的幸福感，并对生活抱有消极的态度（ Hutton et al.，2021 ）。

阅读障碍是一种常见的疾病，但是其发生率尚不确定，5% ~ 17.5% 不等（ Peterson & Pennington，2012 ），发生率分布如此广泛可能与以下几个因素有关。首先，不同的操作定义可能导致不同的结果。如阅读成绩比同年龄段低 1 个标准差还是 1.5 个标准差才被视为阅读障碍。其次，环境变量（如所在地区、所处社会经济地位）也会对儿童的阅读障碍表现产生影响。最后，正字法深度也会对阅读障碍的发生率产生影响。相对于拼音文字，以符号文字为母语的儿童的阅读障碍发生率可能会有不同的结果。在以拼音文字为母语的群体中，发展性阅读障碍的发生率为 2.28% ~ 12.70%(Fluss et al.，2008)，甚至高达 15% ~ 19.9%（ Jiménez et al.，2011 ）。与拼音文字不同，汉字等符号文字具有特殊的语言特征：最小的书写单位是代表单音节语素的字符。由于汉字等符号文字需要死记硬背笔画，因此，很长的一段时间内，研究者都认为符号文字的阅读几乎不存在困难，直到 1982 年，Stevenson 等人首次报道了中国读者和日本读者也存在发展性阅读障碍。另外，在拼音文字中，不同文字的正字法深度可能也有所不同，根据正字法深度假设，浅层正字法比深层正字法更容易学习。

在西方国家，发展性阅读障碍的发生率为 4% ~ 8%（Stevenson et al.，1982），在我国，发展性阅读障碍的发生率为 5% ~ 18%。在不同的语言和文字系统中，阅读障碍的表现可能不同，在小学儿童中的发生率约为 3% ~ 10%，因不同研究者使用的筛选标准和被试群体不同而存在一定的差异。此外，发展性阅读障碍群体的性别差异也是一个具有争议的话题（Cuadro et al.，2017）。众所周知，与女孩相比，有更多的男孩有发展性阅读障碍，男女比例约为 3：1（刘玲飞等，2016）。但也有研究称发展性阅读障碍在男孩和女孩中的发生率没有显著差异，并且认为存在的差异是行为观察的偏差造成的（Sally et al.，2008）。关于发展性阅读障碍在不同性别儿童之间是否存在差异还需后续的进一步研究。人们曾认为，男孩群体存在更多的阅读障碍，但是，越来越多的证据表明，男女群体中的发生率几乎相等。以往数据中男生的发生率较高，可能是样本大多数是在学校中选择引起的偏差。

发展性阅读障碍儿童常常表现为：很难进行精确的或流畅的阅读，语音意识发展不全，在阅读、写作、拼写、计算或乐谱识别过程中出现一个或几个方面的困难。阅读障碍儿童之间也有一定的异质性，有些儿童是听觉或视觉困难，有些儿童是对阅读材料的计划和组织困难，也有一些儿童是对材料的短时记忆困难。

发展性阅读障碍主要在心理学和教育学领域中被讨论，本书提到的阅读障碍，在未进行明确的标注时，均指发展性阅读障碍。近年来，随着研究技术和研究手段的不断进步，有关阅读障碍的心理学研究发展十分迅速。研究已证明汉语阅读障碍儿童在短时记忆、注意、语音意识、字词的快速命名等方面与正常儿童之间存在着显著差异。随着神经科学的发展，事件相关电位（event-related potential，ERP）技术和功能性核磁共振成像

（Functional magnetic resonance imaging，fMRI）技术逐渐被运用到阅读障碍的研究中。有研究者强调ERP技术在心理学研究中的运用价值，认为ERP研究以一个更为直观的角度为心理学理论或观点提供了进一步的支持；也有研究者将功能磁共振技术引入阅读研究领域，为阅读障碍的研究提供了新的技术手段。

三、阅读障碍的筛选标准

筛选标准是阅读障碍研究的基础，它决定了实验结果的有效性和可靠性。在教学实践中，它是教学计划和干预措施拟订的根据。但是阅读过程的复杂性和阅读障碍儿童的高异质性使研究者在阅读障碍的筛选标准上存在较大分歧。在阅读障碍研究中，研究者根据不同的理论基础，提出了各不相同的筛选标准。

（一）基于排除式定义的筛选标准

阅读障碍的筛选要基于对阅读障碍的界定。对阅读障碍的界定主要有一般定义、涵盖式定义、排除式定义（季军，1994；邹艳春，2003）。

一般定义认为，阅读障碍包括阅读中发生的任何困难，不论强度如何、成因如何，这是区分度比较低的一种界定。只要是阅读过程中存在识字、发音、词汇理解、意义提取困难，都定义为阅读障碍。**涵盖式定义**认为，个体拥有正常智力，但是存在普遍性语言缺陷即为阅读障碍。这一定义不包括智力问题导致的阅读障碍，因为智力问题导致的障碍或异常不仅仅表现在阅读上，也可能有比阅读障碍更严重的表现。限定在智力正常范围，存在普遍性语言缺陷，都算阅读障碍，这一定义比较宽泛。**排除式定义**认为，阅读障碍是指，个体具有正常或正常以上的非言语智力，而且在教育机会、社会环境、经济条件、学习动机或情绪方面与其他个体没有明显差异，但阅读成绩比其智力应该达到的水平明显落后。这一定义也有限定性，就是儿童的非言语智力至少在正常水平，可以用非言语智力测试进行评价；还有教育条件和环境的限定，即阅读障碍不是客观因素导致的，其成因来自主体本身。

排除式定义是世界卫生组织对阅读障碍的定义，也是最具权威、最常见的一类。根据排除式定义，人们多采用“智力—成就差异”测试作为诊断阅读障碍的依据，也就是说个体智力（IQ）在中等水平以上（一般采用韦氏儿童智力量表或瑞文标准推理测验进行测量），并且阅读成绩明显低于其智力应该达到的水平，就可以诊断为阅读障碍。可见，基于阅读成绩差异模式提出的阅读障碍的诊断具有三个条件：①阅读成绩低于平均水平；② IQ 至少达到平均水平；③阅读成绩显著低于 IQ 的预期水平。该模式在具体操作过程中，主要通过三种具体的办法来筛选阅读障碍。

1. 智商——阅读成绩差异法

这种方法是通过儿童的阅读成绩与其智力水平之间的差异来进行鉴别。如果儿童智力正常，有与同龄儿童一样的教育机会、文化和经济条件，且没有明显的情绪障碍，但其阅读成绩明显落后于其智力应达到的阅读水平，就被鉴别为阅读障碍。

有研究依据下面三个标准筛选阅读障碍：①语文成绩位于全班成绩后的 3% ~ 5%；②智力在中等水平以上（瑞文推理测验成绩的标准分数在 25% ~ 75%）；③数学成绩在中等或中等水平以上。按照一个班级 40 名学生来计算，有 2 名左右的学生可以被筛选为阅读障碍。这里面有一个问题，如果这 2 名学生与排在他们前面的学生没有显著差异，这种筛选方法的有效性就值得怀疑。

为了提高阅读障碍筛选的有效性，Stevenson 等人（1982）对儿童进行瑞文标准推理测验和阅读水平测验。阅读测验包括不同年级水平，如果儿童在某一年级水平测验错误率达 25% 以上，那么继续对该儿童进行更低一年的水平测试，直到其在某水平上的得分达到 75% 以上，测验结束，该成绩就是儿童的阅读水平。如果儿童的阅读成绩落后于其智商应该达到水平的 1.5 个年级水平，该儿童就被鉴别为阅读障碍儿童。

2. 低成就定义鉴别法

这里的成就指儿童的阅读成绩，低成就指儿童的阅读成绩差。根据儿童的阅读成绩与其所处年级或年龄的平均成绩的差异来筛选，通常是低于平均数 2 个标准差以上，并且没有智力落后情况，该儿童就被认为是阅读障碍儿童。这种差异在一个正态分布的数据中出现的概率非常低，考虑到所选群体为异质群体，因而这种方法有一定效度。

在汉语阅读障碍研究中，有的研究（吴思娜等，2004）先对学生进行标准化的汉字识字量测验，根据测验总分，查常模表得到相应的年级水平，选出识字量水平至少低于正常儿童 1.5 个年级的儿童，再对这些儿童进行词汇命名测验、组词测验，阅读正常儿童的正确率为 94%，选出正确率低于阅读正常儿童正确率 20% 的儿童鉴别为阅读障碍儿童。

也有研究（周晓林，孟祥芝，2001）用标准化汉字识别测验和阅读流畅性测验筛选出阅读成绩处于后 15%、在瑞文标准推理测验中处于中等以上水平的儿童，把他们鉴别为阅读障碍儿童。有的研究将截点法运用于阅读障碍鉴别中，以阅读成绩分布末端的 10% 处作为截点来选择阅读障碍者；或者以阅读成绩后 3% ~ 5% 为截点。不过，截点的确定是人为的，截点的高低会影响阅读障碍儿童的筛出率，这也增加了筛选结果的不确定性。

3. 智力测验与评估结合法

在阅读障碍儿童的筛查过程中，有研究将教师和家长对学生的阅读水平和智力水平的评估与运用测验对学生进行诊断相结合。首先，进行团体评估，包括教师对所有学生的数学能力和语文阅读能力的评价、汉语阅读水平测验，初步筛选出阅读水平居于同年级后 3% ~ 5% 的学生；然后，进行个别测验，包括对学生进行非文字智力测验、汉语阅读技能诊断性测验；最后，对筛选出的学生的家长和老师进行访谈，考察这些学生的智力水平、学习动机、日常行为、生活环境、神经系统等是否属于正常水平。

（二）基于 PASS 理论的筛选标准

心理学家 Das 等人（1994）认为，可以从认知过程的角度对智力概念进行重构，并提出 PASS 理论。PASS 是 Planning（计划）—Attention（注意）—Simultaneous Processing（同时性加工）-Successive Processing（继时性加工）的缩写。该理论认为，人的认知活动由计划、注意、信息加工三级系统组成。其中注意系统是基础，信息加工系统处于中间层次（包括同时性加工和继时性加工），而计划系统则为最高层次。三个系统的协调合作保证了一切智能活动的运行。按照 PASS 理论，阅读障碍是一种认知过程障碍，即在计划、注意、同时性加工和继时性加工的一个或几个方面出现了困难。

Das 等根据 PASS 模型，编制了戴斯 – 纳格利尔里：认知评估系统（DN：CAS）。该测验由 12 种任务类型构成，分为 4 个分测验，每一个分测验有 3 种任务，分别对计划、注意、同时性和继时性加工进行测量。CAS 评定的是人的认知活动中最普遍的四个加工过程，能更为确切地测量人的认知功能，对个体的变化也更为敏感。

但是，在儿童阅读过程中，对阅读材料的加工是不是只限于计划、注意、同时性和继时性加工呢？有没有反馈和调节呢？另外 PASS 模型里也不包括语音处理，而语音处理是阅读的重要环节。所以，CAS 评定对计划、注意、同时性加工和继时性加工比较敏感，因为测验就是针对这四个方面设计的。当然，也能在一定程度上反映阅读问题，阅读障碍在四个过程上也很可能存在问题和重叠。

（三）基于听力理解—阅读理解差异的筛选标准

在学习情境中，儿童接受信息的通道主要包括视觉和听觉。教师“传道受业解惑”，学生自习所学内容，一个是听，一个是看。个体对听觉呈现材料的理解和对视觉呈现材料的理解是不一样的，但是听力理解能力和阅读理解能力存在高相关。

听力理解是对声音传播材料的理解。听觉呈现的材料具有顺序性，并且即时消失。对工作记忆要求比较高。听力理解不用提取声音，只需要理解声音材料的含义。如果儿童的听力理解没有问题，能理解听觉呈现的材料，说明语言理解没有问题。

阅读理解是对文本材料的理解。视觉呈现的材料具有同时性，呈现时间可以控制。但是能不能转化成与听觉呈现相同的心理表征，制约理解的效果。儿童能不能读出每一个字的发音，能不能对视觉材料进行有效的切分，都会影响对材料的理解。

听力理解和阅读理解关系密切。听力理解和阅读理解都有问题，也就是听不懂、看不懂，那就是还没有很好地掌握这门语言。比如，初学外语的人，基本是听不懂、看不懂，但不能将其归为阅读障碍。能听懂，但看不懂，就是阅读有问题。听力理解与阅读理解的差异大小决定个体是不是有阅读障碍。

能听懂但看不懂，说明看的时候，需要将材料进行初步加工，编码成可以理解的形式。Gough 和 Tunmer（1986）提出阅读理解主要由加工水平较低的“解码过程”和加工水平较高的“语言理解”两个独立成分构成。其中，解码是指通过对语言基本单位进行编码、贮存、加工，将字形和字音联系起来读出书面文字；而语言理解指的是知晓字、词的语义和句法。儿童的阅读障碍可能分别由解码成分、理解成分，或者这两个成分的共同损伤而造成。依据该模式划分出三类阅读障碍：单纯解码障碍、单纯理解障碍和混合障碍。

吴思娜等（2004）在研究阅读障碍儿童的短时记忆时，先对所有学生施以瑞文标准推理测验，选取智力水平在中等以上的学生，对他们进行阅读理解测验和识字量测验。识字量与其应达到的成绩相差 1~2 个年级的儿童，被认为存在解码障碍。在进行阅读理解测验时，为排除识字量的影响，同时播放该篇阅读材料的标准人声录音，规定理解成绩低于平均数 1 个标准差以上的儿童为存在理解障碍；若在两个测验上都表现出低水平，则被归为混合障碍。

（四）基于语音意识的筛选标准

语音意识是指对由音节构成词的理解，是区分构成语句的语音单位的能力，它可以由语音意识测验进行测量。有研究表明语音意识对于阅读的习得有重大意义，阅读障碍者的语音意识很差。Goswami（2010）对一年级的学生进行语音意识测验，发现测验结果对学生以后阅读水平的发展有很好的预测力。语音意识对阅读的影响也得到了实验研究的支持，研究发现得到语音意识训练的儿童的阅读能力显著高于对照组。研究者主张阅读障碍是在单词解码时出现的问题，而语音意识缺陷是单词解码困难的主要原因。Alley 等人（1979）提出了阅读障碍鉴别的语音加工核心差异模式，认为语音加工的差异可以区别“阅读障碍”和“阅读正常”。Torgesen 和 Wagner（1998）提议用语音意识测验、快速自动命名测验和言语短时记忆测验在低年级水平上鉴别阅读障碍。语音意识是阅读拼音文字的基本条件，对 unblinded 的阅读加工，要清楚每个字母的发音 u-n-b-l-i-n-d-e-d，也要清楚哪几个字母形成音节，un-blin-ded，才可能正确地发音，正确地理解。语音意识障碍是导致拼音文字阅读障碍很重要的原因。

但是，汉语阅读中，语音意识对阅读理解的作用跟拼音文字不一样。对“万里长城”的阅读加工，我们不是切分成音节，而是切分成“万里 / 长城”，如果切分成“万 / 里长 / 城”，就会导致理解失败。

语音意识缺陷一定会影响阅读，尤其是出声阅读，但是很大程度上影响的是发音，而不是理解。比较常见的是即使发音错了，也能理解内容。对于汉语默读，能不能把语音正确地默读出来，对材料的理解影响更小。

所以，这种筛选标准在汉语研究中很少使用。

（五）基于机器学习的筛选标准

近年来，机器学习（machine learning）在阅读障碍筛查中越来越流行（Hamid et al.，2015），机器学习可以提供更高的检测精度和更好的预测效果。使用机器学习的方法筛查阅读障碍大致分为四个步骤：①数据收集；②预处理、特征提取和特征选择；③系统训练和分类；④性能评估。

1. 数据收集

采用机器学习筛查阅读障碍儿童的第一步是通过实验研究来收集被试数据。参考传统的阅读障碍检测技术，研究者采用标准化测试，检查被试行为方面的表现，如阅读、写作和工作记忆等。根据儿童在这些行为测试中的得分来确定阅读障碍者。传统的筛选技术通常比较耗费时间，并且因为具体表现因人而异，会存在漏诊或者误诊的情况。相较于传统的筛选技术，机器学习的方法耗时较少，成本较低。机器学习首先要广泛收集数据，这些数据来源于以往实验收集的数据，如阅读、书写和游戏等，采用一些实验仪器，如眼动仪、功能性磁共振成像设备等收集实验数据。被试年龄在 7 ~ 62 岁不等，不同研究的被试的母语语种不同，如西班牙语、希伯来语、法语、英语等。

2. 预处理、特征提取和特征选择

在进行机器学习之前，需要对收集的数据进行预处理和筛选，将收集到的数据先转化成定量（数字）或者是定性（文本）的格式。因此，通过脑电技术收集的数据需要先转换成高通滤波和低通滤波，这需要使用不同的小波转换技术。

预处理的目的是鉴别属性以及删除无效数据。预处理后，要进行特征提取，识别相关特征并分配一系列值。这些值可以是定性的，也可以是定量的。不同研究的特征数量不相同，从 12~226 不等。下一步要明确对确定

研究对象更重要的主要特征。不同研究选用的特征不同，采用的手段也不相同，不同方法之间的比较性能分析在目前的工作中还没有被明确地提出。

3. 系统训练和分类

预处理和特征的分类与选择结束之后，使用机器学习算法进行系统训练和分类。将所得数据集分为训练和测试两部分。现有的研究大多采用十倍交叉验证的方法，其中，将数据集分成 10 个相等的部分，9 个用于训练算法，1 个用于测试性能。在训练数据集时已经包含了类别信息，包括阅读障碍和非阅读障碍，因此，通常采用监督分类算法检测数据目的。现有的研究大多将支持向量机（support vector machine，SVM）、朴素贝叶斯（naive bayes）、逻辑回归（logistic regression）、神经网络（neural network）、最近邻算法（K-Nearest Neighbor）和线性判别分析（linear discriminant analysis，LDA）作为对被试进行分类的机器学习算法。SVM 算法是最常用的算法，当所选取的数据集中有较多的干扰数据时，该算法会受到影响，所得结果较差。像逻辑回归这样的方法操作性更强，更容易理解，并且有望为二进制提供非常好的解决方案。

4. 性能评估

使用基于 MATLAB、WEKA 和 Python 的工具进行性能评估。在这种情况下，使用不同的度量标准来评估使用机器学习方法的阅读障碍检测技术的性能，包括准确度、灵敏度、特异性、精密度、召回率、均方误差（MSE）、正性预测值（PPV）、负性预测值（NPV）和接收器工作特性（ROC）曲线下的面积。准确性衡量正确分类的对象相对于对象总数的数量，而敏感性和特异性分别衡量正确识别的阅读障碍者和非阅读障碍者的比例。精确度是指正确识别的阅读障碍用户占已识别的阅读障碍用户总数的比例，而回忆是指正确识别的阅读障碍用户总数的比例。基于脑电图的方法在不同的研究中达到 60% ~ 80% 的准确性，而基于核磁共振扫描的方法达到 83.61%，基于游戏的技术达到 80.24%。总的来说，如果将多个来源的数据组合在一起，观察这些技术的性能会受到怎样的影响将是有趣的，并且值得进一步研究。

阅读障碍是一种学习障碍，在早期识别阅读障碍儿童，并及时为他们提供适合的学习方案和治疗计划是非常重要的。机器学习方法是一种有效的阅读障碍检测技术。目前这一方法的精确度和成功率得到了一部分研究的认可，但是其性能还有待进一步提高。

（六）基于教育矫治效果的筛选标准

Fuchs 和 Fuchs（1998）提出以教育矫治为导向的诊断方法。这种方法是基于儿童在经过教育干预后所表现的教育效果建立起来的。一个拥有正常智力的儿童应该能在良好的教育环境下获得正常阅读能力，如果不能够在正常教育环境下受益，他就可能有阅读障碍的倾向。因此，研究者根据儿童的阅读平均水平以及进步速率，区分出阅读能力有缺陷的儿童。

这种教育矫治的性质及实施方法，都是值得关注的。矫治，可以理解为“矫正治疗”，一般是针对病人进行的。如果采用正常阅读教学，并观察儿童一段时间后的阅读能力的提高情况，进而诊断儿童是否有阅读障碍倾向，这种方法是有效的。但是这种方法不能用于对阅读障碍的诊断，因为一段时间的阅读教学无法提高儿童的阅读能力是受到很多因素影响的，不一定只因为有阅读障碍。

另外，这种诊断方法与基于智力的差异模式在理论建构上存在区别。基于智力的差异模式认为阅读与个体的能力是一种内在的关系，具有一定智力水平的儿童就应该具有相应的阅读水平，而对后天环境的作用没有给予足够重视。比如智力中等以上的儿童，如果入学前没有接触很多知识类的资源，入学后可能很多东西都不会。相比之下，教育矫治诊断模式依据的是，在特定环境中个体的现有水平和期望的水平之间的差异，是区分不同阅读水平儿童的依据。然而这种方法忽视了阅读障碍成因的多样性，教育干预会对不同致病原因的阅读儿童产生不同的效果，从而可能导致部分阅读障碍患者由于对训练响应不足而被漏诊。总体上看，在小学中对普通学生进行教育矫治存在一定的阻力；通过矫治的结果区分阅读障碍个体，存在一定的滞后性。不利于阅读障碍的及时筛查。因此这种方法的可行性不高。

四、阅读障碍的表现

（一）语言学层面的表现

在与同龄人享有相同的教育水平和文化水平的情况下，阅读障碍儿童的字词识别率较低。主要表现为：①字词识别的流畅性和准确性差；②单词拼写和解码能力差；③阅读障碍儿童的识字量和词汇量低于阅读正常儿童。其中识字量是鉴别阅读障碍的一项重要指标。

研究发现，与阅读正常儿童相比，阅读障碍儿童的新词习得较为缓慢，主要表现为新词习得早期加工的延迟和晚期加工效率低下，研究者认为这主要是因为阅读障碍儿童在形—音转换的自动化加工以及在反映多种低水平认知加工的阅读流畅性上存在缺陷，导致新词习得的阅读模式呈现异常（白学军等，2018）。

书写是一种涉及一系列复杂认知、运动和言语加工的活动。以往研究表明，阅读障碍者不仅表现出阅读困难，还表现出书写困难和拼写困难。书写障碍是阅读障碍的一个重要表现。一项有关阅读障碍儿童听写单词和抄写句子的研究发现，与正常儿童相比，阅读障碍儿童在进行单词听写时，错误率更高，书写质量更差；在句子抄写任务中结果亦是如此。这表明，阅读障碍导致个体的书写正确率低，书写质量差。

书写速度慢是阅读障碍在书写层面上的另一个表现。一项研究发现，阅读障碍儿童比正常儿童的书写速度慢。实验是这样进行的：让有阅读障碍的儿童和同年龄阅读正常组儿童完成一项书写任务，任务类型有两种：正常书写速度和快速书写速度。字幅也有两种情况：字体大、字体小。结果发现，阅读障碍儿童在快速书写与字体大条件下，书写速度明显慢于正常儿童。这说明阅读障碍儿童缺乏对书写速度稳定性的控制，并且不能根据书写字幅适当调整书写速度，导致书写速度降低。

（二）非言语层面的表现

Oyler 等人（2012）的研究发现，阅读障碍儿童在信息的编码和检索方面存在明显的缺陷。阅读障碍儿童在记忆方面的表现也明显差于阅读正常儿童。Shankweiler 和 Crain（1986）的研究表明，阅读障碍儿童在语言任务编码中存在明显的缺陷，语言任务编码是记忆存储的先决条件，因此，阅读障碍儿童在记忆方面的表现较差。

因阅读障碍儿童没有脑损伤和器质性病变，所以其记忆缺陷并不是由记忆系统的损伤引起的。Asbjornsen 等人（2014）认为，阅读障碍儿童的记忆缺陷是由其记忆策略的不足引起的。在阅读过程中，如果不使用有效的阅读策略，可能会导致阅读障碍儿童在记忆任务中表现较差。Dallago 和 Moely（1980）的研究发现，相比于正常儿童，阅读障碍儿童在类别回忆任务中表现较差，其原因可能是他们缺乏记忆编码的组织策略，导致他们不能使用分类和联想策略提高记忆。随后，Oyler 等人（2012）研究发现，阅读障碍儿童在学会记忆策略后，同样可以在记忆任务中保持信息，但是他们采用的策略通常是低效的。另外，Kibby（2009）的研究表明，提前安排阅读障碍儿童学习记忆策略，可以提高阅读障碍儿童的记忆成绩，并使其接近正常儿童的水平。由此可见，阅读障碍儿童缺乏有效的记忆编码组织策略。

在信息检索方面，阅读障碍儿童较之与其相当水平的正常儿童，也存在明显的缺陷。Waller（1976）研究了患有阅读障碍的五年级小学生的记忆，结果发现，阅读障碍儿童储存信息的能力与阅读正常儿童没有显著差异，但是存在信息检索水平上的显著差异。阅读障碍儿童在检索信息的过程中更依赖语言提示。后续的一项旨在提高阅读障碍儿童能力的研究发现，当有足够多的线索可以检索时，阅读障碍儿童和正常儿童在阅读中的表现没有显著差异。这表明，阅读障碍的一个突出的表现是信息检索能力差。并且，通过增加检索线索，可以增强个体检索信息的能力，进而提高阅读障碍儿童的阅读能力。

（三）视觉加工层面的表现

视觉加工主要关注眼睛对视觉信息的选择与加工过程。通常采用眼动记录技术记录眼睛活动过程，尤其是使用一些高精度眼动仪器。以往关于阅读障碍儿童的眼动研究发现，与阅读正常儿童相比，阅读障碍儿童在眼动方面主要存在以下三个问题。

1. 基于时间和空间维度眼动指标反映出来的模式异常

Hutzler 和 Wimmer（2004）在研究文本阅读与假词阅读的实验中发现，阅读障碍儿童的总注视时间和注视次数均显著高于正常儿童，而且平均注视时间约等于正常儿童的两倍。

李秀红等（2007）在儿童阅读汉语文章的实验中发现，阅读障碍儿童的平均注视时间更长，注视次数更多。随后，李秀红等人（2008）对阅读障碍儿童进行图画识别任务的测试，结果和之前一致，阅读障碍儿童首次注视时间和平均注视时间都更长，与阅读正常儿童相比差异均有统计学意义。黄旭等人（2007）对阅读障碍儿童以及阅读正常儿童进行三项快速命名测试，结果发现，阅读障碍儿童的平均注视时间延长，注视次数增多。隋雪等人（2008）研究发现，阅读障碍儿童的总注视时间显著长于阅读正常儿童，而且注视次数也显著多于阅读正常儿童。Deans 等人（2010）通过分析阅读障碍儿童和阅读正常儿童在眼动任务、反应时任务、认知能力任务和阅读过程中的眼动数据发现，阅读障碍儿童的注视时间长，注视次数多。

总的来说，在时间维度和空间维度的眼动指标上，与阅读正常儿童相比，阅读障碍儿童呈现出注视时间长、注视次数多、凝视时间长、回视频率高的异常眼动模式。阅读障碍儿童的字词加工活动在阅读过程中占据主导地位，因而注视时间较长；而阅读正常儿童则是整体加工模式占主导地位，因此注视时间较短。可见，阅读障碍儿童的注视时间延长可能与更注意字词加工而不能更好地进行语境整合有关。

另外，在阅读过程中，字词的主要意义先被激活，次要意义后被激活。而长时间的注视则会导致次要意义再次被激活，干扰被试的阅读理解，使其阅读效率下降。总之，注视时间较长是由于阅读障碍儿童的字词解码和语境整合缺陷导致的，而注视时间的延长又再次干扰了阅读障碍儿童的阅读。注视次数多、回视频率高，反映出阅读障碍儿童对阅读材料的认知加工负荷程度较大，表明其不能有效理解阅读材料。当然，这也可能是其阅读水平较低导致的。

2. 基于反射性眼跳指标反映的模式异常

从光学角度讲，当光线照射到物体表面时，一部分光线会被物体折射回来，这种现象就叫反射。从心理学角度讲，人脑对外界刺激的反应都是反射。在视觉加工过程中，视觉区域中出现刺激，眼睛就会跳向刺激的位置，这就是反射性眼跳。反射性眼跳的时间、幅度等指标可以用于考察个体视觉加工的质量。Mather（1999）分析了阅读障碍组儿童和正常组儿童在非言语测试和言语测试任务中的眼跳模式。结果发现，在言语测试中，阅读障碍组儿童的眼跳距离小、眼跳次数多，这与非语言测试结果是不一致的。这说明言语加工过程中，阅读障碍组的阅读问题在其他的视觉加工中没有出现。阅读障碍儿童的言语加工障碍具有特异性。可见，阅读障碍儿童的基本语言单位（词汇）加工也存在问题。词汇加工过程中眼跳效率低、每次眼跳距离小，说明每次注视加工的内容少；眼跳频繁说明稳定的注视次数少。

Bucci 等人（2008）在研究复合眼跳和发散眼跳时也发现，阅读障碍儿童的眼跳潜伏期均比正常儿童长，说明阅读障碍儿童反射性眼跳的启动慢，眼跳计划时间长，计划效率低。也有研究发现阅读障碍儿童的眼跳模式异常，反应时间和眼跳潜伏期显著延长（Biscaldi et al.，2000）。

综上，阅读障碍儿童在视觉加工过程中，出现了眼跳距离小、眼跳频繁、眼跳潜伏期长的异常眼跳模式。由阅读障碍儿童眼跳距离短、眼跳频繁这一特点可以推断，阅读障碍儿童一次眼跳获取的信息少，知觉广度小，其阅读中进行的很可能是局部性（字词）加工，而不是整体性（句子）加工。因此，阅读障碍儿童采用小幅度眼跳不仅会影响材料的语境整合能力，还会影响其阅读理解的速度和效率。

3. 基于自主性眼跳指标的模式异常

前面叙述了反射性眼跳是由外界刺激启动的眼跳，属于数据驱动的、自下而上驱动的眼跳。还有另外一种眼跳是认知驱动的、自上而下的眼跳，即自主性眼跳。在视觉加工过程中，眼跳方向及位置是由认知任务进行控制的，这种眼跳难度比较大。比如看到一个刺激出现在右侧，要看向屏幕左侧，即眼动方向与刺激位置相反，这种眼跳叫反向眼跳（antisaccade）。

研究发现，阅读正常被试完成反向眼跳任务也会有很高的错误率，是总试次的 50%~60%（Luna & Sweeney，2001）。研究发现，阅读正常被试经过充分练习，反向眼跳的正确率和潜伏期与正向眼跳的接近，差异不显著（Daly & Unsworth，2011）。研究发现，阅读障碍儿童在反向眼跳任务中出现更多错误，成绩比阅读正常儿童低 1 个标准差，反向眼跳控制能力受损（Biscaldi et al.，2000）。Lukasova 等人（2016）的实验显示，阅读正常儿童的反向眼跳错误率在 50%~60%，阅读障碍儿童不仅超过了这个范围，而且还表现出眼跳潜伏期较长、反向眼跳正确率更低的现象（Lukasova et al.，2016）。研究发现，在三项视觉探测实验中，阅读障碍儿童的表现与阅读正常儿童均有显著差异，低于阅读正常儿童 1 个标准差，特别是在反向眼跳任务中差异最大（Biscaldi et al.，2000）。有研究对阅读障碍儿童和阅读正常儿童在内、外源线索条件下的眼跳表现进行了研究，结果发现，阅读障碍儿童的正确眼跳潜伏期长于阅读正常儿童，说明他们需要更长的时间进行眼跳准备；不仅如此，阅读障碍儿童的反向眼跳错误率更高，与阅读正常儿童的差异达到边缘显著（王敬欣等，2013）。

综上，阅读障碍儿童存在反向眼跳潜伏期长、反向眼跳正确率低的眼跳行为缺陷。反向眼跳任务是研究认知过程的有力工具，有助于解释某些精神疾病患者和正常被试的认知操作差异。首先，阅读障碍儿童的反向眼跳错误率较高，说明眼跳控制能力差。表明阅读障碍儿童更容易产生朝向眼跳，而不是反向眼跳，其眼动控制系统可能存在缺陷，不能有效地控制自己的眼动行为；其次，较长的反向眼跳潜伏期表明，阅读障碍儿童抑制朝向眼跳需要更长的时间，抑制加工的能力较弱。眼跳控制能力和抑制功能的缺陷可能对阅读障碍儿童的阅读加工产生阻碍。

五、小结

以上研究的筛选标准也存在一些问题。第一，对阅读障碍的定义不明确，基于定义的筛选标准有效性差。研究中普遍将阅读障碍定义为，虽然个体智力和所处的教育环境正常，但由于某些原因导致其阅读成绩明显落后于其年龄应达到的水平的现象。这一定义只是针对阅读障碍儿童的表现而定义的，并没有指出阅读障碍的心理、生理机制。这使研究者仅仅知道阅读障碍者会有什么表现，但为什么会出现这种现象却无从得知，导致筛选有效性较差；第二，筛选标准缺乏规范和标准化。研究者在筛选被试时所采用的标准差异很大。测量学生的智力水平时，有的研究选用韦氏智力量表，有的研究选择瑞文标准推理测验，研究之间的可比性不高。而且很多研究只报告了被试的智力水平正常，没有进行两个组之间智力差异的检验；第三，在制定排除分数时，不同研究之间也存在差异。有的将低于智力测验分 75 的排除在阅读障碍之外，有的则采用 80 分的标准。在年级水平的截选标准上也有很大差异，有的选择低端的 3% 作为截点，有的选择低端的 5% 作为截点。这种标准的多样化，导致研究之间的可比性降低，使研究的信度和效度得不到保障；第四，筛选标准的重要性常被忽视。对阅读障碍的科学研究已经有很长的一段历史，同时，随着认知神经科学的发展，对阅读障碍的研究也深入到神经水平。但是有些研究追求研究手段的现代化，却忽视了被试筛选的重要性，对筛选标准的关注不够。有的研究人为地制定并使用了一个标准；更有研究仅仅将阅读成绩或语文成绩低的正常儿童作为阅读障碍儿童而进行研究；而基于 PASS 模型的认知评估系统（CAS）评定的是认知活动的四个加工过程，其可操作性较差，注意缺陷、计划混乱也不等同于阅读障碍。

所以，在未来研究中，应该做到：第一，对被试进行智力测验，通过智力测验排除由于智力原因导致的阅读障碍。已有研究指出阅读障碍儿童和低阅读成就的阅读正常儿童在言语智力上存在差异。在具体操作中，一般选择经过修订的韦氏智力测验和瑞文标准推理测验；第二，对被试进行解码水平、阅读理解水平测验。解码水平测验可以使用国内编制的信度、效度较高的识字量测验，比如王孝玲和陶保平编订的识字量测验，阅读理解水平的测验可以使用李文玲编制的阅读理解测验、莫雷编制的阅读理解能力测验以及阅读流畅性测验；第三，对被试进行语音意识测验。语音意识是区分阅读障碍的主要特征，在筛选过程中应对被试进行语音意识的测验。可以采用辨音测验、删音测验等；第四，他人评定。将班主任、教师对学生阅读能力的评定作为重要参照。目前阅读障碍领域尚待研究的问题还很多，其中亟待解决的问题就是制定一个科学的筛选标准。这是阅读障碍研究的前提条件，只有筛选标准化、规范化，不同研究结果之间才可以比较，才能保证研究的科学价值。

第二节 阅读障碍的相关理论

阅读障碍儿童的智力正常，但其阅读成绩与年龄和智力水平不匹配，远远落后于同龄的阅读正常儿童。如何解释这种现象，能不能找到原因，进而解决阅读障碍，让每一个孩子都拥有良好的发展条件？研究者们从不同角度进行了理论探索，提出了一些解释理论，比较有代表性的有语音缺陷理论、小脑缺陷理论和巨细胞缺陷理论。也有学者根据实验研究的结果对阅读障碍的成因进行解释，比如双重缺陷假说和双重编码假说。下面让我们一起来分析这些理论的合理性，并试着从中窥探阅读障碍的实质。

一、语音缺陷理论

（一）理论概述

自 20 世纪 50 年代乔姆斯基将递归语音（recursive phonology）的概念引入语言学后（Chomsky，1957），发展性阅读障碍从遗传性的视觉障碍被重新定义为与语音有关的障碍，语音缺陷理论开始发展。

语音缺陷理论（Phonetic deficit theory）是一种基于认知层面的解释，该理论认为，阅读障碍是由于个体缺少将单词发音分离成独立音素，并将其与代表这些音素的字母进行匹配的技能（Shankweiler & Liberman，1978；Szenkovits et al.，2016）。英语的音素（phoneme）是构成音节的最小单位或最小语音片段。英语音素分为元音和辅音两类，元音音素是构成音节的主体，辅音是音节的分界线。比如对于单词 understanding 的因素分离，ʌndə'stændɪŋ 有四个音节 ʌn—də—stæn—dɪŋ，对应字母 un—der—stan—ding。

在对阅读障碍者和阅读正常者的对照实验研究发现，在没有语境的帮助下，阅读正常者可以很容易地对可发音伪词进行发音，而阅读障碍者则表现出明显的困难（Rack et al.，1992），证明了阅读障碍者的语音加工存在缺陷，这可能是导致阅读障碍的根源。图1-1展示了语音缺陷理论的基本逻辑。

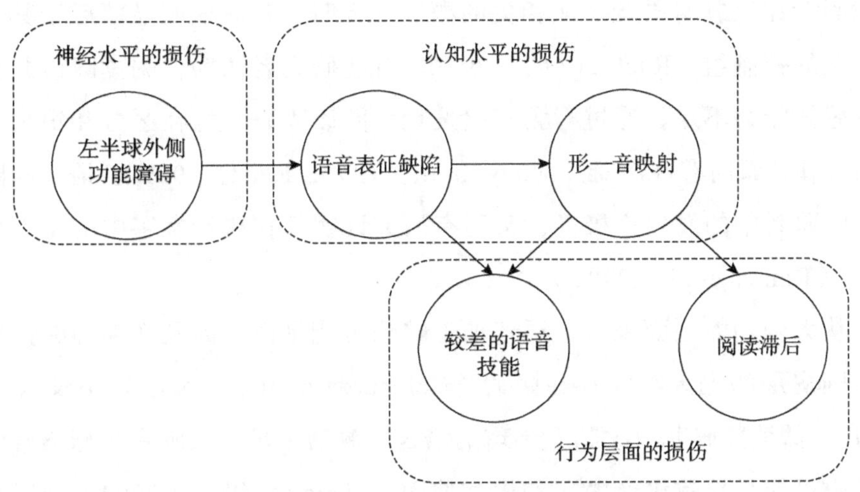

图1-1 语音缺陷理论的基本逻辑

首先，神经层面的损伤表现为大脑左半球外侧裂区功能障碍；其次，认知层面的损伤表现为语音表征缺陷和形—音映射困难；最后，行为层面的损伤表现为较差的语音技能和阅读延迟。

（二）实验证据

1. 拼音文字中的语音缺陷研究

在西方的阅读障碍研究中，研究者普遍认为，阅读障碍者的阅读迟缓是由特定的语音表征和加工缺陷导致的，并且，这种缺陷也是导致阅读迟缓的独特原因。这种观点逐渐演化成语音缺陷理论（Liberman，1973；Stanovich，1988）。该理论的核心思想是阅读障碍是语音加工缺陷导致的。

尽管阅读是视觉加工，但也离不开语言。有研究指出，阅读障碍不仅是视觉加工的障碍，也是语言加工的障碍（Fawcett & Nicolaon，1994）。在拼音文字中存在形—音转换规则。英语中的每个单词的形—音都是一一对应的关系，能否正确识别单词中每个音素，并将其正确地拼读出来是英语学习的关键。很多母语为拼音文字的阅读障碍者不能正确地拼读词汇，混淆音素的发音，在形和音之间不能建立自动化的联系。有研究发现，阅读障碍者在完成与语音技能相关的测试任务时，其成绩明显落后于其年龄相匹配的控制组（Rack et al.，1992）。有些研究者认为，阅读障碍儿童的语音感知能力不足，通过行为实验发现，阅读障碍儿童在区分和识别相近的语音和音素时存在困难（Mody et al.，1997；Reed，1989）。语音缺陷在阅读障碍者中的发生率极高，甚至有研究证明其在拼音文字中的发生率为100%（Ramus et al.，2003）。

从大脑功能层面来看，语音加工缺陷可能是由于涉及音系和阅读的某些大脑皮层的先天功能存在障碍（Galaburda et al.，1985；Paulesu et al.，2001），阅读障碍儿童大脑左半球的语言区激活不足，大脑左半球语言区功能障碍可能是导致语音障碍的根本原因。Shaywitz 等人（2002）采用功能性核磁共振成像（fMRI）技术，在阅读障碍儿童进行语音加工的过程中，对其脑部激活情况进行分析，结果发现，与阅读正常儿童脑部活动相比，阅读障碍儿童在完成语音任务时，大脑左半球活动出现异常，具体表现为威尔尼克区激活不足，以及布洛卡区激活过强（Shaywitz et al.，2002）。同样，这种功能上的异常也体现在脑电研究的结果中。有研究者使用脑电（EEG）技术进行研究，结果发现，阅读障碍儿童在完成语音任务时，在语音的分析与整合效率方面都比阅读正常儿童差。在语音加工过程中，其左前脑区的 β 波和 θ 波的激活都比较弱（Spironelli et al.，2008）。有研究也发现，在完成语音任务的过程中，阅读障碍儿童的大脑左半球激活较弱（Roach & Hogben，2008）。

以上这些研究使用了不同的研究方法，得出了类似的结论，即阅读障碍儿童在完成语音任务时存在困难，这种特征与大脑左半球语言区的功能障碍有关。这些研究支持了语音缺陷理论。值得思考的问题是：语音缺陷存在脑功能障碍的神经基础。那么，是语音缺陷出现在先，还是脑功能障碍出现在先？如果是脑功能障碍在先，什么原因导致脑功能在发展过程中出现障碍？这些原因是否可以控制？如果是语音缺陷在先，什么原因导致儿童的语音习得出现异常？这些原因是否可以控制？这些问题的解决有利于促进儿童早期顺利发展，避免阅读障碍的出现。

2. 汉语中的语音缺陷研究

在汉语阅读过程中也存在着语音加工的问题，这一点与拼音文字的阅读过程非常类似。汉语阅读过程中的语音加工技能也是从三个方面进行研究：语音意识、词汇通达中的语音解码和言语工作记忆。其中，语音意识受关注较高，相关研究较多。语音意识的研究通常采用挑异音（声母、韵母和声调）、音位计数、音位删除或添加、音位融合等任务。

中文与拼音文字不同。拼音文字比如英语，它的单词由字母构成，字母包括元音字母和辅音字母，字母与音素具有对应关系，比如单词understanding的发音，ʌndə'stændɪŋ有四个音节ʌn—də—stæn—dɪŋ，对应字母Un—der—stan—ding。但汉字是表意文字，采用汉语拼音进行读音标注（中国 zhōng guó），没有形—音对应的可能。所以，汉语研究中关于语音的研究与拼音文字也是不一样的。

许多研究都发现，汉语阅读障碍儿童与阅读正常儿童在语音任务上存在显著差异。黄秀霜和谢文玲（1997）的研究得出了阅读障碍儿童有语音障碍的结论。孟祥芝等人（2000）对汉语阅读障碍儿童进行的调查和个案研究也表明：阅读障碍儿童能够分析记忆整体性的语音单元，但缺少对细小语音单元的细致分析与加工能力；徐世勇等人（2001）用真假字判断任务和同音判断任务，研究小学四、五年级汉语阅读障碍儿童的心理机制时发现，汉语阅读障碍儿童的认知模式与拼音文字的研究结果有很多相似之处，阅读障碍也表现为语音表征的缺陷；刘翔平、侯典牧等人（2004）的研究发现，小学三年级阅读障碍儿童在识字上表现出语音短时记忆能力落后；何淑娴等人（2000）以 56 名来自中国香港 2~5 年级的阅读障碍儿童和年龄相应及阅读水平正常的匹配组儿童为被试，考察了汉语阅读障碍儿童的语音加工能力。研究发现，阅读障碍儿童在语音意识和语音记忆任务中的成绩显著低于年龄匹配组儿童的成绩。

以上的研究都支持了汉语阅读障碍儿童存在语音缺陷的观点。栾辉等人（2002）报告了一个汉语阅读障碍个案 J。J 的语音技能存在缺陷，音位、声调意识差，语音短时记忆能力弱，在精细的语音加工上表现出明显的缺陷；在汉字命名任务中，出现了大量的语义错误。在汉语阅读障碍亚类型的相关研究中，何淑娴等人（2004）、吴思娜（2004）、刘文理等（2006）的研究都发现了语音缺陷亚类型的存在，也进一步证明了汉语阅读障碍中语音缺陷的存在。

综合以往的研究可以发现，汉语阅读障碍儿童也存在语音缺陷，阅读障碍的语音缺陷具有跨语言的一致性。但也有研究者认为语音缺陷并不是汉语阅读障碍儿童的主要缺陷，因为在汉语阅读研究中，语音技能并不能像在使用拼音文字为材料的研究中那样可以准确预测儿童的阅读水平。何淑娴等（2002）的研究结果表明，出现语音缺陷的概率只占汉语阅读障碍儿童的 15%，语音缺陷并不是汉语阅读障碍儿童的主要认知缺陷。同样，吴思娜等（2005）的研究结果也支持了这一观点。

值得思考的问题出现了，现有研究证明语音缺陷在不同语言的阅读障碍者身上都存在，那么，拼音文字和表意文字阅读障碍者的语言缺陷的差异是什么？其神经机制存在什么样的差异？在汉语阅读中，即使音读错了，读者也可以理解内容，这可能与上述有些研究发现的“语音缺陷不是汉语阅读障碍儿童的主要认知缺陷”有关。那么，什么才是汉语阅读障碍儿童的主要认知缺陷？至少从现有研究结果来看，解释汉语阅读障碍不能完全依赖语音缺陷理论。

（三）理论局限

大多数阅读障碍者确实存在语音加工方面的问题，在将文字解码成它们所代表的语音时存在困难。这也是研究者提出语音缺陷理论的依据。阅读障碍儿童存在语音加工缺陷，完成语音相关任务的成绩较差是阅读障碍儿童的行为表现，也可以理解成阅读障碍者阅读困难的原因。

语音缺陷理论提出语音缺陷是由于阅读障碍者的认知加工缺陷，而关于为什么阅读障碍者会有这样的语音解码障碍，该理论没有作出回答。前文所提到的语音缺陷与脑功能缺陷的关系是什么，哪个在先？为什么阅读障碍者的智力还在正常范围？都尚无定论。

另外，也有阅读障碍者没有表现出语音方面的缺陷，其语音加工能力正常，能够发音，也能阅读，但是不能理解，这也是阅读障碍的表现。这种现象说明，语音缺陷并不是导致阅读障碍的必要条件（Peterson et al., 2014）。这也说明，语音缺陷理论对阅读障碍的解释力有待提高。同时，语音缺陷理论忽略了阅读障碍者存在的另一个问题——视觉缺陷。阅读障碍者往往因视觉加工缺陷难以正常地阅读文字（Singleton & Trotter，2005；Harries et al.，2015），这也会导致他们无法正常地解码文字的发音。因此，仅仅通过语音技能单一纬度的区别，无法与其他导致阅读障碍的原因区分开来。

二、小脑缺陷理论

（一）理论概述

小脑缺陷理论（cerebellar deficit theory）认为阅读障碍者的小脑存在的缺陷会影响其自动化能力和运动能力的发展，使个体容易注意力分散，工作记忆能力低，进而影响语音技能的发展，最终导致阅读障碍。图 1-2 展示了小脑缺陷理论假设的因果链，这种理论将小脑问题、语音困难和最终的阅读问题联系起来，对写作、阅读和拼写三个方面都有不同的解释方式。

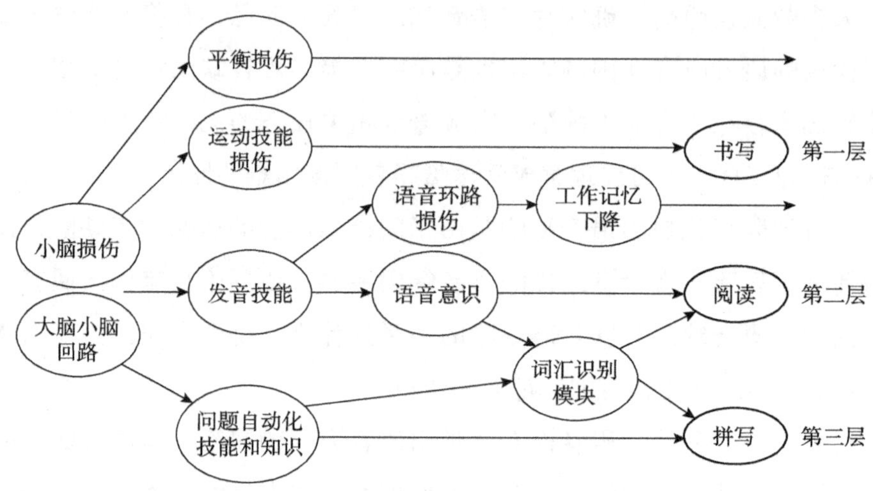

图 1-2 小脑缺陷理论的因果链

首先，小脑缺陷可以解释阅读障碍儿童较差的书写能力。因为书写是一种运动技能，需要不同肌肉群精确地协调，小脑缺陷会引起平衡和运动技能的损伤，进而影响书写能力。从图 1-2 的第一层可以发现，小脑机能缺陷导致平衡能力、运动技能受损，运动技能与书写（writing）有关，运动技能差导致书写能力差。其次，小脑缺陷也会直接影响发音技能（articulatory skill）。从图 1-2 的第二层可以发现，发音技能与语音环路和语音意识有关。语音意识直接连接着阅读（reading）。语音环路与工作记忆容量减少有关（Baddeley et al., 1975）。最后，小脑缺陷会通过降低语音意识、自动化技能等间接原因影响拼写技能的发展。可以从图 1-2 的第三层看出，自动化技能从间接和直接两条通路与拼写（spelling）连接。

总之，小脑功能受损导致的小脑缺陷会影响运动技能、发音能力、技能和知识的自动化，最后使拼写、阅读的发展受阻。小脑缺陷理论给阅读障碍的神经基础提供了解释，但很难从表象上理解，也很难从行为学的角度进行验证。

（二）实验证据

小脑缺陷理论认为阅读障碍源于小脑功能存在缺陷，从脑神经基础角度为阅读障碍提供了理论解释。有一些研究发现，阅读障碍的行为症状可以被描述为自动化技能方面的困难（Nicolson & Fawcett，1990；Nicolson & Fawcett，1994）。研究者对阅读障碍者和阅读正常者进行对比研究，结果发现，阅读障碍儿童在语音和读写技能、信息加工速度、记忆、运动技能和平衡方面都存在困难（Nicolson & Fawcett,1994）。特别是在进行平衡、音素分割和图片命名速度这三项试验中，90% 的阅读障碍儿童在至少两项任务中表现出明显的弱势。其中有一些任务也是语音缺陷理论的支持者所使用的，有一些与平衡能力有关的测试。有研究者在专门的阅读障碍儿童学校中，对 8~16 岁的儿童进行了研究。结果显示，他们在平衡和肌肉张力方面的受损程度，与其在阅读和拼写方面的受损程度相当，而且比切分和无意义词重复的测验更加明显。另外，参与实验的 59 名阅读障碍儿童中有 51 名肌肉张力明显受损（Fawcett & Nicolson，1994）。研究者认为，这些证据表明阅读障碍儿童在自动化技能上存在缺陷，支持了小脑缺陷理论。

以上研究结果都提供了间接证据，无法证明阅读障碍者的小脑存在缺陷。虽然平衡能力与小脑有关，但是平衡能力也可能因为大脑高级中枢控制力受损而受到影响。这就需要对小脑活动本身进行探究。研究者使用正电子发射计算机断层显像（PET）技术，让被试通过尝试错误来学习一系列按键序列，对比过度学习（自动）按键序列和学习新的按键序列两个测验中的小脑激活情况来考察阅读障碍者和阅读正常被试的表现。结果发现，与阅读正常组相比，阅读障碍组在两项测试中的右侧小脑激活程度明显低（Nicolson et al.，1999）。说明阅读障碍者的小脑活动性较差。这些数据直接证明了阅读障碍者存在小脑功能缺陷。另外一项针对男性阅读障碍者代谢异常的研究也提供了小脑功能缺陷的直接证据。Rae 等人（1998）从 14 名有阅读障碍的男性和 15 名年龄相近的对照组男性的颞顶叶皮层和小脑中获得了局部的质子磁共振谱（proton magnetic resonance spectra）。双侧磁共振谱显示，在阅读障碍男性的左侧颞顶叶和右侧小脑中，含有胆碱的化合物与N-乙酰天冬氨酸（NA）的比例存在显著差异；阅读障碍男性的小脑存在偏侧化差异，而对照组则不存在。研究认为这些差异可以表明小脑差异对阅读障碍有直接的贡献。

（三）理论局限

小脑缺陷理论考虑到小脑负责平衡等功能，在阅读障碍的原因与小脑功能缺陷之间建立了联系，相关研究者也采用了实验的手段进行了验证。但是，有很多智力正常的个体，在运动上的表现却很差，说明其智商没有受到小脑平衡差的影响。不过，由于阅读障碍的成因复杂。该理论有待深化，相关的实验验证需要增加，以提高该理论的解释力。

三、巨细胞缺陷理论

（一）理论概述

有研究者也赞同语音缺陷的观点，但他们认为这个缺陷是由更基本的听觉损伤导致的，即属于一般感觉运动缺陷的一部分。在听觉缺陷（Tallal，1980）、巨细胞视觉功能障碍（Lovegrove et al.，1980）和小脑/运动功能障碍（Nicolson et al.，2001）的基础上，发展出了众多理论，而这些理论后来被更普遍的巨细胞缺陷理论统一了起来（Stein，2001）。

巨细胞缺陷理论（magnocellular deficit theory）认为，巨细胞功能障碍会造成视觉、听觉、小脑、语音表征等功能缺陷，从而影响个体的阅读技能。根据这一理论的观点，导致阅读障碍的直接原因有两个：语音缺陷和视觉缺陷。语音缺陷可以追溯到一种更广泛的听觉损伤，它与视觉损伤有着相同的生物学起源，即感觉通路中的巨细胞（magnocellular cell）功能障碍。这种巨细胞功能障碍也会出现在触觉区域（Stoodley et al.，2000），并通过后顶叶皮层到达小脑，造成进一步的损伤，特别是在运动区域（Stein，2001）。因此，在这个理论中，阅读障碍被视为一种一般感觉运动综合征。

该理论认为，成功的阅读基于对单词字母听觉和视觉的正确排序，从而产生正确的词汇表征。这种能力取决于大脑中的瞬时系统（transient system），该系统负责将感觉和运动时间准确地计时排序。导致阅读障碍的原因是听觉和视觉的排序产生障碍，即单词中声音的听觉排序和字母的视觉排序出现混淆（Stein & Walsh，1997；Vidyasagar & Pammer，2010），出现逆转字母效应（reversed letter effect），例如将“saw”读作“was”。由于瞬时系统的加工由巨细胞神经元网络介导，所以瞬时系统也被称为巨细胞系统（magnocellular system）。巨细胞缺陷理论的图解如图 1-3 所示。

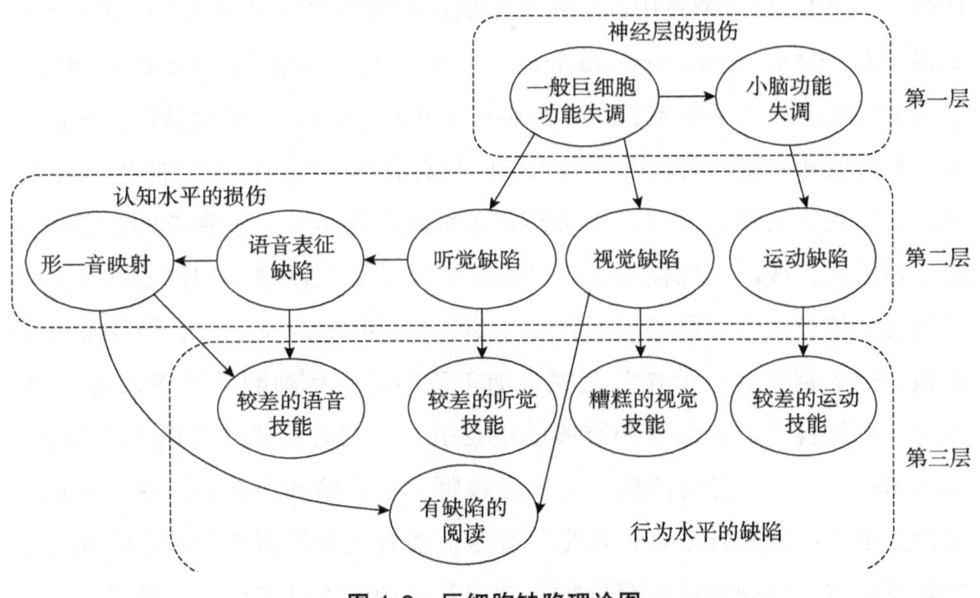

图 1-3　巨细胞缺陷理论图

巨细胞缺陷理论从神经基础层面对阅读障碍的原因进行解释。从图 1-3 可以发现，第一层是神经水平的损伤。包括两部分：一般巨细胞功能异常和小脑功能异常，而且巨细胞功能异常影响小脑功能；第二层是认知水平的损伤。一般巨细胞功能异常导致视觉和听觉受损，小脑功能异常导致运动受损，视觉和听觉受损又导致语音表征缺陷和形—音对应困难；第三层就是行为层面损伤。包括较差的动作技能、较差的视觉技能、较差的听觉技能、较差的语音技能、延迟阅读等。

（二）实验证据

1. 视觉功能缺陷

从生理层面来说，神经节细胞的轴突提供了信号，从眼睛传递到大脑的相关区域，其中有10%的神经节细胞明显比其余的更大（Shapley & Perry，1986）。这意味着这些细胞会从更大的区域吸收光线，因此它们的敏感范围更大，反应更迅速，但对细节和色彩不敏感（Merigan & Maunsell，1993）。它们将信息通过中继核的巨细胞层投射到枕叶皮层的主要视觉区外侧膝状体（lateral geniculate nucleus，LGN）。与巨细胞系统（magnocellular system）对应的是小细胞系统（parvocellular system），视觉系统就是由这两个平行的系统组成的。巨细胞系统由具有高传导速度的大型神经元组成，对运动和视野的快速变化高度敏感；小细胞系统由对颜色和空间细节敏感的小神经元组成。在阅读中，小细胞系统被认为在眼睛注视时起作用，而巨细胞系统被认为在眼跳时起作用。尽管在初级视觉皮层中，巨细胞和小细胞的输入都存在，但在背侧视觉加工流中是由巨细胞系统输入主导的。因此，背侧视觉流在眼睛和肢体的视觉引导中起着重要的作用（Milner & Goodale，2006）。它向前投射到额区视野、上丘脑和小脑上，这些区域都对视觉运动控制非常重要。视觉巨细胞的发育受到损害会使阅读障碍患者外侧膝状体的巨细胞层发育异常，导致其运动灵敏度和双眼注视稳定性降低，以及视觉定位能力较差。总而言之，当视觉信息离开枕叶时，腹侧通路参与物体识别和认知过程，而背侧通路主要加工空间位置；而包括巨细胞系统的背侧通路发育较慢，就会导致该系统在检测运动、低频空间信息和高频时间信息的时候出现障碍，从而导致阅读障碍的产生。

视觉巨细胞和小细胞系统的分离，使我们可以通过分别观察两个系统的敏感性来对阅读障碍者进行研究。Lovegrove 等人（1980）使用正弦光栅表明，与对照组相比，阅读障碍患者的对比敏感度受损，特别是在低空间频率和高时间频率时。所以，他认为阅读障碍者的视觉瞬时系统可能存在有选择性的损伤。他还发现，在由小细胞系统主导的高空间频率条件下，阅读障碍患者的对比敏感度实际上比对照组更高，这一发现在患有视觉病症的阅读障碍者中也得到了证实（Mason et al.，1993）。这些证据表明阅读障碍者不是在所有的视觉测试中都表现较差。

有研究在枕叶后部的初级视皮层中记录视觉系统受到运动模式的刺激时该区域的脑电图，结果显示，阅读障碍者产生的巨细胞信号与正常被试比会产生延迟和信号减弱的现象（Livingstone et al.，1991；Bonfiglio et al.，2017）。这些异常也可以通过功能性磁共振成像（fMRI）技术更精确地检测和定位。位于枕叶前部的视觉运动区 V5/MT 主要由巨细胞系统支持，这个区域通常在视觉注意力的安排和视觉引导的眼动中被激活。阅读障碍者的 V5/MT 对移动刺激的反应性大大降低（Eden et al.，1996），而这种对运动的反应性预测了阅读困难者和阅读正常者的正字法技能（Demb et al.，1998）。但也有研究者认为，这些区域在语音任务中并不是始终处于不活跃的状态，所以，并不能认为这些异常与阅读障碍有关（Paulesu et al.，2014）。

诱发性脑激活的减少显然与视觉运动敏感度的降低有关，这可以通过心理物理学来测量。最简单的方法是使用随机点运动学图（random dot kinematograms）来检测（Britten et al.，1992）。这种图由随机运动的点组成，可以通过编程使其中一些点连贯地朝同一方向移动。如果逐渐增加一起移动的点的比例，就可以产生一个移动的点群的效果。一个人的运动敏感度可以根据其能看到的连贯运动时点的数量比例计算出来。很多研究表明，平均而言，阅读困难者需要更多比例的点一起移动才能检测到运动（Cornelissen et al.，1995；Samar & Parasnis，2007）。同样，许多视觉运动的错觉也依赖于视觉巨细胞系统，在这类研究中，阅读障碍者也比阅读正常者表现更差（Gori et al.，2016）。

巨细胞缺陷也会影响眼球运动。眼动控制高度依赖于巨细胞信号，阅读障碍者对视觉运动的不敏感非常显著地影响他们对眼球运动的控制（Eden et al.，1994），尤其损害了他们眼睛注视的准确性（Fischer & Hartnegg，2000）。成功的阅读需要读者对字母或单词稳定的注视，这种稳定性非常依赖于巨细胞系统能否控制不必要的眼动。因此，阅读障碍者弱势的巨细胞系统会导致不稳定的视觉注视，在阅读时引起不必要的移动，最终导致阅读失败（Singleton & Trotter，2005）。在阅读时，个体需要随时保持双眼的聚焦，把注意力集中在文字上。巨细胞系统在控制这种收敛性眼动的第一阶段起着重要的作用（Mowforth et al.，1981）。同时，收敛性眼动与视觉运动敏感性受损有关，个体的眼球运动敏感度可以预测正字法阅读技能。由于所有的眼动都依赖于巨细胞的反馈，因此，巨细胞不敏感会损害各种眼动指标。例如，当眼睛跟踪一个移动的目标时，阅读障碍者的注视会渐渐落后于移动的目标物体，所以必须定期进行扫视才能赶上目标的运动。这种“眼跳侵入”的现象在阅读障碍者中很常见，即使不阅读时，他们眼睛扫视的准确性也会受到损伤（Fischer & Hartnegg，2000）。

关于阅读障碍者眼动控制受损的证据多来自对非语言目标的反应，因此，对眼球的不良控制实际上可能是阅读能力受损的原因之一。也有研究者认为，在阅读障碍者中发现的这些眼动异常是解码困难的结果而不是原因（Rayner，1998）。对解码失败的单词回视的增加和对需要解码的单词的注视时间增长可能部分是由于解码失败造成的。但这并不能解释为什么阅读障碍者会出现不稳定的注视，也不能解释为什么他们的眼睛会发生不合适的发散而导致复视。

巨细胞缺陷也会影响视觉注意。巨细胞不足会导致视觉注意的分配更慢、更不准确，这一点可以通过连续视觉搜索任务证明。在一组相似的目标中，为了发现一个特定的目标，个体必须一个接一个地对目标进行检查。实验证明阅读障碍者比正常被试搜索更慢，这表明阅读障碍者有着更慢、更不准确的视觉排序（Facoetti & Turatto，2000）。由于文章是由一系列单词组成的密集的视觉刺激。阅读时视觉注意力必须固定在特定的单词上，才能保证阅读的顺利进行。而单词或字母的间距越小，越容易造成视觉无法集中，从而干扰对单词的识别和阅读的准确性。而且阅读障碍者在这方面的表现显著差于阅读正常者（Atkinson，1991）。同样在默读这样涉及视听交叉模式的注意任务中，阅读障碍者的表现也更差，他们不能将视觉注意力准确地对应到声音上（Ruffino et al.，2014）。

为了证明巨细胞缺陷与阅读障碍的因果关系，即巨细胞缺陷导致了阅读障碍，而不是视觉阅读经验的缺少影响了巨细胞系统的发展。有研究者将阅读障碍者与正常发育的年龄更小的儿童进行比较。这些年龄更小的儿童阅读水平与阅读障碍者一致，也不会比阅读障碍者有更多的视觉阅读经验。实验结果表明，与阅读障碍者有相同阅读经验的儿童已经发展出了更好的视觉巨细胞功能（Gori et al.，2015）。

为了说明巨细胞功能对学习阅读能力有重要的影响，也可以通过提高巨细胞功能的干预措施来进行研究。Lawton（2016）通过降低正弦波光栅相对于静止背景移动时识别所需的对比度来训练巨细胞系统。在巨细胞训练之后发现，阅读的准确性和流畅性对比语音训练都有了很大的提高（Lawton，2016）。另一种可以增强巨细胞功能强度的方法是通过黄色过滤器阅读文本。正如滑雪者会使用黄色护目镜来提高在白色背景下的视觉对比敏感度。在白光中，黄色可以将较短的蓝波过滤掉，使瞳孔扩张，进而使进入眼睛的黄光数量增加，这样可以增加巨细胞 2/3 的活性。因此，选择性地激活视网膜巨细胞的黄色滤光器，可以帮助阅读障碍者提高视力。研究发现，通过黄色过滤器阅读文本，约有 1/4 的阅读障碍者可以改善他们的视觉症状、运动敏感度、眼球控制，以及阅读能力（Harries et al.，2015）。也有研究表明，使用蓝色过滤器阅读文字也会提高 1/4 阅读障碍者的视觉能力。蓝色过滤器可以通过激活含有视黑素的视网膜神经节细胞来提高视觉注意力（Hankins et al.，2008）。通过给有视觉注意力问题的儿童提供蓝色滤光镜，可以提高他们的觉醒状态和阅读专注力，这通常会伴随着阅读能力的快速进步（Clisby et al.，2000）。但是也有一半的阅读困难者存在听觉方面的缺陷，不能通过彩色过滤器来改善他们的阅读障碍。

自从巨细胞缺陷理论被提出之后，在大多数针对巨细胞的研究中，大都发现了阅读障碍者出现了视觉巨细胞受损的现象。另外，以往研究都一致认为，视觉注意、视觉搜索和眼动控制主要是由巨细胞系统介导的，因此，可以解释为支持巨细胞缺陷理论。除此之外，巨细胞缺陷理论仍然存在争议。因为并不是每一个阅读障碍者都有视觉巨细胞缺陷。而许多巨细胞功能受损的儿童仍然可以正常阅读。但是由巨细胞功能受损引起的视觉敏感度降低，可以预测所有儿童的阅读技能水平，也可以预测正字法技能的优劣（Talcott et al.，2002），即便在这些技能上的劣势并不一定会被归为阅读障碍。因此，视觉巨细胞缺陷并不是产生阅读障碍的唯一原因，虽然巨细胞缺陷会削弱阅读技能的发展，但仍可能存在其他导致阅读障碍的因素。

2. 听觉及语音功能缺陷

阅读需要快速地将单词、音节和音节中的音素进行排序。对字母发音的区分和排序依赖于对声音频率和振幅变化的识别。因此，高频率调节（frequency modulation，FM）和振幅调节（amplitude modulation，AM）的高敏感性有助于发展出良好的语音技能，而阅读障碍者在这两个方面的敏感性显著低于阅读正常者，他们在对单词中声音的排序任务中的准确性较低，速度也较慢。这可以解释他们在语音方面的缺陷。有研究表明，与阅读正常的对照组相比，阅读障碍组儿童对振幅和频率调节的敏感性可以预测他们获得语音技能的能力（Menell et al.，1999）。采用非词或伪词的研究发现，与阅读正常组儿童相比，阅读障碍儿童振幅和频率调节的敏感性能更好地预测语音技能（McAnally & Stein，1996）。

检测声音频率和振幅变化主要是由听觉脑干中的大型神经元介导的，这些大型神经元被称为听觉巨细胞神经元。因此，读写困难者的振幅和频率调节敏感度降低可能是由于听觉巨细胞系统的发育受损。对内侧膝状核（medial geniculate nucleus，MGN）的研究直接证明了这一点。内侧膝状核是视觉系统中外侧膝状核的听觉模拟体。在阅读障碍者中，内侧膝状核神经元，特别是左侧，比正常读者小很多（Galaburda et al.，1994）。阅读过程中的内侧膝状核激活可以预测语音技能。同时，针对个体的测量中发现，听觉巨细胞和视觉巨细胞的敏感性之间是相互关联的（Talcott et al.，2002），这表明两种巨细胞的发育受到同种类型的遗传控制。大量研究证实，阅读障碍者表现出对节奏的敏感性降低，这种敏感性可以预测阅读障碍者和对照组的阅读技能（Flaugnacco et al.，2014）；而训练有节奏的振幅调节可以提高听觉振幅调节的敏感性，训练之后可以一定程度上提高个体的阅读能力（Bonacina et al.，2015）。总之，听觉巨细胞系统的敏感度与视觉系统受到同样的控制。与视觉系统一样，听觉巨细胞系统也是决定整体阅读能力的一个非常重要的因素。而且与视觉相比，听觉巨细胞的敏感度可以通过相对简单的训练来提高，比如锻炼儿童有节奏地打鼓。

3. 小脑功能缺陷

大脑产生的表象参与阈下运动系统的激活。例如，当阅读“脚”这个词时，运动皮层的足部区域会被激活（Pulvermuller，2005）。这种具身认知（embodied cognition）能够帮助人们理解和使用这个词汇。其中，小脑负责动作平衡和协调的自动化控制和潜意识操作，与具身认知密切相关。右侧小脑优先连接左半球，它不仅在语音输出中起重要作用，也在语音和阅读理解中起重要作用（Stoodley，2012）。由于小脑需要精确的信息来实现控制功能，所以，巨细胞系统全部会投射到小脑区域。阅读障碍者会表现出小脑解剖和化学反应异常（Rae et al.，1998），阅读时小脑的激活也会受阻（Stoodley & Stein，2011）。

小脑也大量参与视觉运动控制。在视觉追踪研究中，Nicolson 等人（1999）发现与阅读正常者相比，阅读障碍者小脑的激活程度显著更差。此外，通过测量对语言和阅读至关重要的小脑结构的体积，发现婴儿期的小脑结构体积与人们最终的阅读能力之间有着密切关系，结果在 8~18 岁的 110 名阅读正常的被试身上得到了证实（Moore et al.，2017）。因此，很多研究表明小脑与阅读能力密切相关，阅读障碍者的小脑的激活程度大大减少。

总之，小脑接收了巨细胞系统大量的时间序列信息，而阅读障碍者巨细胞系统的缺陷导致了这些人协调功能和具身认知这些小脑功能相应的不足。有研究表明，训练儿童有意识地关注自己的身体运动，有助于促进包括阅读技能和社会互动在内的认知能力的发展（McClelland et al.，2014）。

（三）理论局限

巨细胞缺陷理论从巨细胞系统缺陷的角度来解释阅读障碍的成因，但在一定程度上忽略了其他神经组织对视觉和听觉的贡献。近年来，部分研究者提出了巨细胞系统和小细胞系统共同激活的观点来解释阅读障碍的成因（Contemori et al.，2019）。从生理结构上来看，只有部分脑区上可以发现巨细胞系统和小细胞系统的分离，而在初级视觉皮层的较深层和较浅层，以及向顶叶和额叶皮质的投射中，巨细胞和小细胞神经元之间存在强烈的相互作用（Callaway，2005）。Stein（2021）通过观察阅读障碍者和阅读正常者视觉诱发的事件相关电位发现，阅读障碍者的视觉巨细胞反应减少，而小细胞反应增加。这表明，阅读障碍者的巨细胞系统和小细胞系统可能是一种动态平衡的关系。因此，巨细胞缺陷理论应当更加关注巨细胞系统与小细胞系统之间的相互作用，为该理论的发展提供更有力的支持。

四、双重缺陷假说

（一）理论概述

Wolf 和 Bowers（1999）提出双重缺陷假说（double deficit hypothesis），他们认为阅读障碍者存在语音意识（phonological awareness，PA）缺陷和快速自动命名（rapid automatized naming，RAN）缺陷。语音意识缺陷是对语音的感知与操作明显落后，可以通过押韵判断、音节和音位删除、声调判断等任务进行评估；快速自动命名缺陷是对语音信息提取明显落后，可以采用对词汇、物体的命名任务进行评估。

双重缺陷假说认为阅读障碍的成因不仅仅是单一的语音缺陷，快速命名缺陷可能是导致阅读障碍的另一原因。研究者让被试快速地对熟悉的刺激，如字母、数字、颜色和物体等进行出声命名，并记录他们的反应。这个过程反映的是对阅读至关重要的自动化加工（Norton & Wolf，2012）。研究发现单独的语音缺陷并不能解释所有的阅读障碍。快速自动命名缺陷在阅读障碍人群中的表现也很明显（Ackerman & Dykman，1993）。两种缺陷都存在的个体的阅读障碍更为严重。

（二）实验证据

根据这一理论，研究者对语音意识和快速命名进行研究，结果发现快速自动命名缺陷或语音缺陷在阅读障碍者身上都不同程度地存在，说明两种缺陷都可能导致阅读困难，存在双重缺陷的个体会比存在单一缺陷个体的阅读障碍更严重（Wolf & Bowers，1999）。

有快速自动命名缺陷的被试在非限时单词阅读准确性的测验中有正常的表现，但在限时单词阅读测验中会表现出显著的弱势（Waber et al.，2004）。在没有压力的情况下，被试可以对物体进行命名，在认知上没有问题；但是在有时间压力的情况下，他们的语音信息提取效率低，反映出明显的弱势。

有证据表明，快速自动命名缺陷和语音缺陷之间是独立的。在没有语音缺陷的情况下，有一部分阅读能力差的被试表现出快速自动命名缺陷（Wolf et al.，2002）。Wolf 和 Bowers（1999）指出，双重缺陷假说的提出并不是为了完全解释所有的阅读障碍，而是为了推动阅读障碍亚型病症和多种病因的研究。除了英语，双重缺陷假说也在其他语言背景下的研究中得到了支持，比如荷兰语、汉语、希腊语和芬兰语等。

（三）理论局限

作为一个认知层面的理论，双重缺陷假说得到了很多行为学研究结果的支持，但对其神经机制的研究相对较少。语音意识与快速命名很可能具有一致的神经基础。

语音加工通常涉及阅读网络中的额叶下部和颞叶区域，而快速自动命名加工的神经机制还有待继续验证。一项使用快速自动命名任务的功能性磁共振研究发现，与静息状态相比，无声快速命名引发了弥漫性的双侧激活模式（Misra et al.，2004）。有研究表明快速自动命名通常与大脑左半球额下回和右侧小脑的激活有关，这些区域区分了有快速自动命名缺陷的被试和没有快速命名缺陷的被试。Eckert 等人（2003）的研究也发现，阅读障碍者与阅读正常者在任务中脑激活的差异主要来自额下回三角部和右侧小脑。Norton 等人（2014）使用功能性磁共振技术，将有双重缺陷、只有快速命名缺陷、只有语音缺陷的被试和阅读正常被试进行比较，结果显示，右侧小脑和大脑双侧前额叶皮层对快速命名能力敏感，有双重缺陷的被试比其他组被试在这些区域上的激活程度更低。这些研究将双重缺陷假说的生理机制更多地指向了小脑区域的功能，根据这些证据我们有理由推测，双重缺陷假说的生理机制很有可能会被整合进小脑缺陷理论的框架中。

五、双编码理论

（一）理论概述

Paivio（1971）提出双编码理论（dual coding theory，DCT），个体通过两种方式扩展自己的经验系统：语言联想和视觉图像，也就是视觉和听觉信息的联合加工，进行视觉编码和听觉编码。比如个体学习过程中，遇到单词“袋鼠”，在记忆系统中进行存储时，把“袋鼠”存储为词汇 + 图像。在以后的检索中，个体可以通过词汇线索或者图像线索，以及同时使用两种线索进行回忆。与采用一种存储形式相比，以两种方式进行编码的记忆效果更好。

双编码理论假设符号系统和感觉运动系统之间存在联系。该理论认为，符号和感觉运动事件的内部表征形式存在明显的区别（Paivio，1986）。视觉、言语和触觉事件的存储版本保留了这些事件的形式。例如，在视觉形式中有文字和图像；在听觉形式中，有口语和声音事件。袋鼠可以存储为“袋鼠”的图像和“袋鼠”这个词，或者同时存储在两个不同的系统中。最重要的是语言或非语言的区别。尽管语言和非语言加工系统两者之间存在关联，但一般假定两者在功能上是相互独立的。

（二）实验证据

根据 Paivio（1971，1991）、Clark 和 Paivio（1991）的双编码理论，信息是通过两个通路的其中之一加工的。一个通路加工如文本和音频之类的言语信息，另一个通路处理如图表、动画和照片之类的视觉信息。Paivio（1971）还提出两种不同类型的内部表征单元：用于心理图像的图像系统（imagens）和用于语言实体的语义代码（logogens）。图像系统是根据部分—整体关系进行组织的，而语义代码是根据关联和层次结构组织的。他们确定了三种内部加工类型：直接激活语言或非语言表征；非语言系统对语言系统的激活或语言系统对非语言系统的激活；在同一语言或非语言系统内激活相关表征。虽然对于特定任务而言可能需要三种加工中的一种或全部，但是尚不清楚具有不同学习或认知方式的个体以什么顺序激活这些类型的加工的。此外，使用不同的媒体组合对具有不同学习或认知风格的学生的学习成果的影响也尚不清楚。Paivio 等人（1991）的研究表明，选择适当的媒体组合可以提高学习效果。例如，与仅使用文本、仅音频、文本和音频的组合或仅使用视觉插图的方式相比，使用口头和相关视觉插图结合的方式可能会产生更好的学习效果。

根据对阅读障碍理论的研究发现，双编码理论和阅读障碍理论之间有很多的相似之处。许多关于阅读障碍的研究使用的方法与双编码理论文献中采用的方法相似。阅读障碍的研究讨论阅读障碍者和非阅读障碍者之间的差异，而双编码理论尝试解释人类学习和记忆中的心理加工过程（Paivio，1991）。二者测量的项目也很相似，例如真词 / 假词识别、配对联想学习、顺序回忆、单词频率 / 熟悉度、对象命名、阅读速度及流利度。阅读障碍筛查工具中的许多测试也出现在双编码理论中。双编码理论和阅读障碍理论的共同点之一是，阅读障碍者存在的一些困难可能与双重编码加工任务有关，例如较低的工作记忆效率。现有的研究不能证明双重编码加工任务会导致阅读障碍，但越来越多的研究发现双重编码加工与阅读障碍之间存在联系（Clark & Paivio，1991）。

（三）理论局限

自 1971 年以来，双编码理论在许多研究中已被用来解释多媒体信息对学习的影响（Paivio，1971）。许多研究者认为双编码理论可以为多媒体学习的研究结果提供合理的解释（Najjar，1996），将该理论用于解释人类加工信息的方式，并将其与视觉和言语学习风格相关联。许多多媒体设计的原理和准则都源于双编码理论，该理论在计算机学习材料的开发中也得到应用（Paivio，1991；Sadoski & Paivio，2001）。尽管双编码理论的研究已经解释了不同类型的媒体是如何影响失明、耳聋等残疾人的阅读，但双编码理论目前并不能完整地解释阅读障碍的原因，也不能有效地说明阅读障碍者和非阅读障碍者之间的个体差异。

六、心理语言学粒度理论

（一）理论概述

阅读是理解文字的过程，阅读的目标是获得文字的意义。为了获得阅读能力，个体需要学习自己母语的文字。因此，学习阅读基本上是将独特的视觉符号和声音符号相匹配的过程。在大多数语言中，视觉符号和声音符号之间的关系是系统的，视觉符号和意义之间的关系是任意的。例如，在英文中，“D”总是读成“/d/”，尚且在学习阅读阶段的儿童可以利用这样的规则了解单词的发音。但当儿童知道一个以“D”开头的单词，却对其意思一无所知。因此，学会阅读的第一步就是需要获得文字符号和声音之间的联结系统。当个体掌握了这个系统，个体就可以接触口语中已经获得的上千的单词，这种学习和应用的过程也被称为语音重新编码。

语音编码是阅读习得的一种必要条件，它是一种自我教育的工具，可以促进儿童成功地对自己从未见过的单词编码（Ehri，2017）。为了成功进行语音编码，儿童需要在他们的语言符号系统和声音系统中找到共享的粒度（granularity），以便在两个领域之间进行直接和明确的联结。语音系统在阅读前已经形成，因此阅读前语音表征的质量和粒度可能会在阅读习得中发挥重要作用（Elbro & Pallesen，2002）。

研究者认为，读者面临以下三个问题：可用性、一致性和拼写—发音联结的粒度。可得性反映了并非所有的音素在正式阅读之前都是意识可得的，因此，联结正字法符号和语音符号需要进一步的认知发展；一致性反映了一些正字法字符有多种发音，一些语音符号有多种拼写。

两者的不一致会减缓阅读能力的发展。不一致程度在不同语言和不同类型的正字法中是不同的，这种差异使不同语言之间的阅读发展存在差异。同时，粒度问题也反映了这样一个事实：当基于较大的粒度访问语音系统时，个体需要学习更多的正字法符号。也就是说，单词比音节多，音节比音韵多，音韵比字素多，字素比字母多，阅读能力取决于这三个问题的解决（Rayner et al.，2001）。

（二）理论局限

心理语言学粒度理论（psycholinguistic theory of granularity）只是初步对语音发育、阅读习得、熟练阅读和发展性阅读障碍之间的复杂关系进行简单的说明。该理论后续需要更多的研究去证实，尤其是对于系统的儿童和成人的跨语言研究，目前尚为空白。未来研究需要整合以往相对单一的研究，例如，在经典研究的实验中，视觉单词的识别不受听觉单词的影响，熟练的阅读不受语音发展的影响等。在今后的研究中，研究者们可以从多个角度构建实验中的关键操作，以探究阅读障碍在不同发展阶段和不同语言环境中的规律性表现。

Chapter Ⅱ | 第二章

阅读障碍儿童的语素理解及运用

第一节　语素和语素理解能力

第二节　语素意识与阅读能力的关系

第三节　阅读障碍儿童的语素意识缺损表现

第四节　阅读障碍儿童语素分辨及运用

第五节　语素意识干预在教学中的应用

第一节　语素和语素理解能力

一、语素

在语言使用过程中，我们主要关注语言的功能，用语言表达思想、传递信息，实现人与人之间的互动、沟通，建立良好的人际关系。为了有效地使用语言，个体必须准确理解和掌握语言。儿童掌握语言是从语言的最小单位——“语素”（morpheme）开始的。语言由不同层次的元素组合而成，其中，语素是最小的有意义的语言单位，也是构成语义的基本元素（Bulut，2022）。

语素本身具有意义并可以发音，根据语素含有音节数量的不同，语素可以分为三种：单音节语素、双音节语素和多音节语素。单音节语素只有一个音节，但也是有意义的，比如“人”“天”“花”“门”等；双音节语素是含有两个音节的语素，比如“琵琶”“蟋蟀”“沙拉”“玫瑰”等；多音节语素是含有两个以上音节的语素，比如“阿尔卑斯”“喜马拉雅”“奥林匹克”等。

二、语素理解能力

在言语交流中，正确理解语素是理解语言意义的基本条件（Stevens & Plaut，2022）。正确理解语素有助于对连续的语言信息进行有效加工。语素理解存在个体差异，语素理解能力的差异导致语言理解的差异。随着年龄的增长，个体对语素的理解逐渐提高。语素理解能力一般用来间接探查语素意识的发展。语素意识（morpheme awareness）就是能够把语言分解成语素的意识，或者能知道构成语言的最小单位是什么。对语素敏感并能进行认知操作就是语素意识（Liu，2010）。

汉语是分析型（analytic）语言，较复杂的词往往是由以往学过的语素构成的。因此，对语素的高敏感性和强操作能力对后期儿童学习汉语具有重要意义。语素意识的发展可以通过语素理解进行测查（隋雪等，2008）。简单来说，也就是考察个体对构成词汇的基本单位意义的理解。

汉字与拼音文字不同，汉字不是表达语音的，而是表达语义的。当然，汉字是可以发音的，具有音、形、意的属性。汉字由意符（ideograph）和音符（phonograph）组成，也包括大量的记号（symbol）。与早期的甲骨文、大篆、小篆、隶书相比，现代汉字的表意特征被大大削弱。意义被表征的主要方式已经从直接象形重新定向为在汉字中使用意符（ideograph）。几乎没有任何规则可以把书写汉字与声音联系起来（无形—音转换规则）。但是汉字的部件（component）具有直接激活语义的功能。有时汉字会与语素（chinese morpheme）相联系，但是原则上，汉字与音节相联系。这与拼音文字不同，拼音文字的书写系统是与音素（phoneme）相联系的（Wu，2020；Chládková et al.，2022）。

语素意识存在个体差异，这种差异来自两个方面：语素水平和语素结构水平（Liu，McBride-Chang，Wong，Shu，&Wong，2003；Koh et al.，2022）。语素水平是指对独立语素的意识，能够识别出构成语言的语素，并对其做出合理的操作；语素结构水平是指能够清晰提炼出语素之间的关系，复合语素的构成规则等。语素水平的语音意识主要包括对同音语素的意识和对同形语素的意识。

同音语素意识是指对发音相同、字形不同的语素的意识，也就是对同音字的意识。汉语中存在着大量的同音字，它们的读音相同，但字形和所表达的意义不同。比如sheng（一声），可以对应很多汉字，如“生”“升”“声”，它们表达的含义均不相同。对于“生”，我们首先想到的其含义是与生育、出生；“升”让我们更容易想到的含义可能是由低处向高处移动，比如太阳东升西落；而“声”让我们最先想到的往往是声音。

同形语素意识是指对字形相同、发音不同语素的意识，或者对字形相同、发音相同而意义不同，也就是多音字、多义字的意识。比如“升”在“升高”“5 升油”中的不同含义；再比如“好”在“很好”“爱好”中的不同发音。同一个字，放在不同的语境里就会有不一样的含义，或者不一样的发音。

语素结构水平的语音意识是指对复合语素构成的意识（程亚华等，2018；Haase & Steinbrink，2022）。包括两个方面：一是能够把复合语素进行拆分与理解；二是能把不同语素整合成新的复杂语素。“土地、土壤、土质”都有语素“土”，也可以把语素“土”与其他语素结合出现新的复杂语素“土鳖、土鬼、土丘”等。

第二节　语素意识与阅读能力的关系

一、英语语素意识与阅读能力的关系

英语是一种拼音文字，单词是英语的基础。关于英语语素理解能力是否可以促进个体的英文阅读，在以往的相关研究中并没有得到确切结果。Carlisle（2000）曾经以来自马萨诸塞州某学校的 101 名儿童（男孩 59 名，女孩 42 名）作为被试，考察了母语为英语的儿童的语素意识与单词阅读之间的关系。在其研究中，研究者还进行了一项听觉分析能力测试（test of auditory analysis skills），该测试用来评估儿童从一个单词中删除音节或音素的能力。结果发现，语音意识对语素意识任务的表现有显著影响；此外，有语音意识的儿童和没有语音意识的儿童在产生复杂词形词的能力上存在显著差异；语音意识和语素意识对词汇阅读的影响差异显著，语音意识的

贡献更大。在其研究中，研究者将语素意识看作语音意识的从属，研究者认为语素意识在阅读中不存在显著作用，发挥作用的是语音意识，也就是说，离开了语音意识，语素意识就不能单独对阅读理解产生作用（常云，2010）。但是另有一些研究者认为，语素意识对阅读能力是有贡献的，而且随着年龄的增长，语素意识的作用逐渐增强（Carlisle，2000；Singson et al.，2000）。比如 Carlisle（2000）曾以母语为英语的三年级和五年级学生作为被试，对学生进行单词阅读测试和语素结构测试，结果发现，语素任务对两个年级学生的阅读理解的影响均有显著差异，其中，在五年级学生中的影响比在三年级学生中的影响更大。

有关英语语素意识对阅读能力的促进作用，各研究之间结论并不一致。对 Carlisle、Nomanbhoy（1993）和 Carlisle（2000）的研究进行比较，两个研究对语素意识对阅读能力起作用的观点是不同的。Carlisle 和 Nomanbhoy（1993）认为语素意识只有在和语音意识的共同作用下才能对阅读起促进作用；Carlisle（2000）认为语素意识对阅读存在促进作用。需要注意的是，Carlisle 和 Nomanbhoy（1993）的研究选择的被试平均年龄为 79.2 个月，在 6 岁左右；而 Carlisle（2000）的研究选择的是小学三年级和五年级的学生。两个研究的被试年龄存在差异。Carlisle（2000）认为语素意识对三年级学生的阅读能力也有一定帮助，虽然不及对五年级学生的效果明显。这可能是因为三年级学生刚刚开始学习阅读和理解语素复杂的单词。如此来看，随着年龄的增长和学习水平的不断提高，语素意识对儿童阅读能力的贡献是逐渐提高的。因此，Carlisle 和 Nomanbhoy（1993）的研究可能由于只考察了学习水平较低的儿童导致结果和 Carlisle（2000）不一致，这也是未来研究需要关注和考虑的一个问题。

二、中文语素意识与阅读能力的关系

在汉字学习过程中，对形、音、义的掌握都很难。对每一个汉字都要付出努力才能准确地掌握。每个汉字发音不固定（多音字），要根据语境确定其发音。但是汉字的意义是明确的（隋雪等，2008）。比如在汉字的演变过程中，字“形”是汉字演变的一个不可忽视的部分，但是意义基本不变。我们以“马”字的演变为例，来看一下汉字的“形”与“义”之间的重要联系。在甲骨文中“马”字十分贴近于马的形象，有蹄、长鬃毛、长长的脸、眼睛和尾巴；在金文中，对“马”字进行了简化，但还是不难看出其在甲骨文中存在的特征；而后“马”字逐步进行演变，最终形成了我们现在的简体汉字“马”。图 2-1 为“马”字的演变。

图 2-1 “马”字的演变

从汉字的字形就能够提取出一定的意义，汉字意义的获得不需要语音作为中介。对熟练的读者来说，在提取语义的过程中，语音发挥的作用是非常有限的（周晓林，孟祥芝，2001）。宋华等人（1995）使用两种不同类型的字对作为实验材料，对汉字进行替换，以考察语音和字形在阅读初学者和阅读熟练者的阅读理解过程中发挥的作用。这两种不同类型的字分别是形似音异的字和音同形异的字，这样就将语音和语义进行了分离。结果发现，字音、字形在意义提取中都起作用。阅读水平高的儿童能够从字形直接通达字意，字音的作用较小；而阅读水平低的儿童依赖字音激活，然后通达字意。

可见，汉字语素意识对汉字识别是非常重要的，也影响个体对句子中不同汉字组合意义的理解，进而影响阅读。语素水平和语素结构水平的语素意识的发展也是不一样的。宋华等人（1995）的研究涉及了同音语素意识，研究者通过实验得出结论，在阅读不熟练的初期，同音语素意识在个体阅读过程中发挥着比较大的作用。同形语素意识、复合语素意识也是影响个体阅读的基本因素，它们的作用是不是可以分离？针对这个问题，程亚华（2018）对小学一年级被试进行了两年的研究，考察不同语素意识在阅读理解中的作用。结果发现，两年时间内，个体语素意识中的同音语素意识、同形语素意识、复合语素意识都有了很大发展，阅读能力也有很大提高。可见，语素意识在阅读理解中发挥重要作用。接下来，我们将进一步了解语素意识在阅读理解中的作用机制。

三、语素意识在阅读理解中的作用机制

上文介绍了语素意识在英语阅读和汉语阅读中的作用。不难发现，语素意识在汉语阅读理解过程中也发挥了重要作用，然而其在汉语阅读中发挥作用的机制目前尚不清楚。语素意识是预测儿童阅读能力发展的重要认知因素，在汉语阅读中具有独特作用（张玉平等，2017）。这可能与汉字自身的特点有关：第一，汉字与拼音文字不同。如英语有 26 个字母，横向排列，组成词，如 interesting，happiness 等。汉字由笔画组成，排列方式复杂，笔画横向、纵向、交叉组成字词。笔画组合不提供一致发音，而且多音字、同音字很多；第二，拼音文字的词汇意义不能根据字母推测，而组成汉语词汇的每一个汉字都有其自身的意义，字的意义有利于整词意义的通达。这些差异导致语素在不同语言阅读中的作用也是不一样的。语素的意义促进词汇意义的提取，进而促进阅读理解。语素意识发展好的儿童，其阅读能力就高，尤其对陌生词汇的加工成绩会更好。

从语素的不同成分来说，语素水平上，儿童语素意识发展得好，对同音词汇、多音词汇的理解能力就强（Zhang et al.，2022）。在语言学习的早

期阶段，儿童主要学习的是口语，语言交流中使用的很多字形不同的词汇，语音是一样的。比如“我们一起去开门看看门外的锅里闷的土豆焖好没有”，这里的men听起来是一样的。当儿童学习书面材料时，就会很好奇，“我们”“开门”“焖土豆”都是men，发音是相同的，字形差异很大。从学习书面语开始，儿童逐渐掌握不同语素之间的区别，对字词所表达的多重含义进行辨别，防止造成对字词意义的误解。慢慢地，儿童就能从一个音通达不同的汉字，从一个字通达不同的意义。通达汉字的具体意义依赖于语境，并停在语素的某一个特定的意义上（程亚华等，2018）。

从词汇的语素结构角度的语素意识，即复合语素意识这一方面来说，儿童对多个汉字进行加工，根据语素结构来切分词汇。词素整合构成词汇，进而为词汇意义的理解提供帮助（Liu et al.，2013）。在阅读过程中，儿童可以通过对词汇的关键语素来判断词汇的含义，从而进一步理解文章的主旨（Cheng et al.，2017）。比如词语“倾盆大雨”，对学习水平比较低的儿童来说，没有见过该词或者对其不熟悉，但是儿童可以通过词中的关键语素“雨”来对该词的含义进行推断，从而大致了解词的意义。

第三节　阅读障碍儿童的语素意识缺损表现

一、阅读正常儿童与阅读障碍儿童的语素意识差异

在儿童的汉语阅读中，语素意识发挥着重要的作用，那么对阅读障碍儿童来说，语素意识方面的缺损是否是导致其阅读困难的原因之一？吴思娜、舒华等（2005）对小学高年级（五、六年级）汉语阅读障碍儿童进行研究发现，语素意识缺损是在小学高年级儿童汉语阅读障碍中普遍存在的一个主要缺陷类型。大部分阅读障碍儿童都有语素意识的不足甚至缺陷，

它是阅读障碍的一个主要原因。我们采用实验法对阅读障碍儿童的语素理解能力进行了研究，选取的阅读障碍儿童是二至五年级的小学生，以与吴思娜、舒华等（2005）研究对象进行衔接，完成对小学阶段阅读障碍儿童的研究（一年级儿童刚刚入学，还不能在他们其中很有效地筛选被试）。详述如下：

（一）研究目的

该研究主要对汉语阅读障碍儿童进行研究，与阅读正常儿童进行比较，以期发现汉语语素理解能力在两个群体之间的差异，探究阅读障碍儿童语素意识缺损的程度及表现。为未来对阅读障碍儿童的干预提供理论参考。

（二）研究方法

1. 被试

被试来自某小学二、三、四、五年级。被试的筛选标准及过程如下：

（1）语文成绩标准：班主任根据上学期期末语文考试成绩对学生进行排序，把位于班级前、后10%的学生作为语文成绩高、低分组，以形成实验组和对照组。实验组是问题组，也是我们期望将来能提高其能力、解决其阅读问题的目标组。对照组选择了阅读能力发展较好的被试。

（2）智力标准：对班级前、后10%的学生进行瑞文标准推理测试。智商75%等级以上的保留，排除有智力问题的学生。因为一些有智力问题的学生，其阅读能力也较差，但他们的阅读能力差是智力问题的表现，不单属于阅读障碍。

（3）识字量标准：对以上被试进行识字量测试。按照其应该达到的标准相差1~2个年级的学生作为阅读障碍组的入组标准；平均值以上的学生作为阅读正常组的入组标准。

根据以上标准，筛选出汉语阅读障碍儿童和阅读正常儿童共131人，其中阅读障碍组65人，阅读正常组66人；二至五年级分别为：27人、33人、

36 人、35 人；男 92 人，女 39 人；年龄在 8 ~ 13 岁之间（详见表 2-1）。

表 2-1　被试分布表（单位：人）

组别	二年级	三年级	四年级	五年级	总计
阅读障碍组	13	16	18	18	65
阅读正常组	14	17	18	17	66
总计	27	33	36	35	131

2. 实验材料

从当前小学使用的课本（主要为小学语文教材前 6 册）中筛选出汉字词汇 80 个。将这 80 个词汇以及这些词汇中目标字解释项中的词汇一起让二年级学生进行评定，判断自己是否认识，从二年级学生的评定结果中，筛选出认识率在 95 % 以上的词汇 40 个作为实验材料。这种筛选材料的目的是保证二年级学生有能力加工所选词汇，所有年级都用相同的实验材料，年级之间的实验结果具有可比性。

要求学生对每个词汇下面划线汉字的意义进行理解，并从后面给出的四个词汇中选出一个意义与之相符的。比如，让被试从四个选项中找出词中划线字的意思。情谊：A. 情感；B. 情面；C. 情形；D. 情况。该题的正确选项为 A。

3. 实验设计

本实验设计包括组别和年级两个自变量，组别分为阅读障碍组和阅读正常组，年级为二至五年级。指导语如下："请你认真理解题干的词义，然后从后面的四个选项中找出与划线字字义相同的项目。选项 A、B、C、D 分别对应方向键'左、中、右、上'反应。懂了吗？好，开始。"（选项及按键在被试间进行了平衡，避免顺序效应的影响）。

4. 实验过程

实验程序用 E-prime 编制，在计算机上呈现，显示器为 14 英寸液晶显示器。采取个别施测，每个被试实验持续 3~10 分钟。实验开始前，被试熟悉按键方式。键盘光标键，“左、中、右、上”分别代表“A、B、C、D”。

首先，屏幕中央呈现注视点“+”，直到被试按下空格键，注视点“+”消失，同时屏幕出现实验题项。等待被试判断按键，被试按键则进入下一个试次。

（三）结果与分析

对被试判断的正确得分进行统计，结果见表 2-2。

表 2-2　不同被试判断的正确得分（$M \pm SD$）

组别	二年级	三年级	四年级	五年级	男生	女生
阅读正常组	22.17 ± 3.90	26.35 ± 3.17	26.89 ± 3.69	28.84 ± 2.69	26.24 ± 4.29	26.80 ± 3.77
阅读障碍组	14.27 ± 3.69	16.88 ± 4.76	19.17 ± 3.89	23.38 ± 3.89	18.53 ± 4.87	18.43 ± 6.21

从表 2-2 可以发现，阅读正常组的得分都高于阅读障碍组得分，年级、性别之间趋势完全一致。在语素理解上，阅读障碍组明显落后。以判断得分为因变量进行方差分析，发现组别之间差异显著，$F(1,76)=93.501$，$p<0.01$；年级之间差异显著，$F(3,127)=18.250$，$p<0.01$。事后检验（LSD）发现，二年级与其他年级都差异显著，三、四年级都与五年级差异显著。年级之间的差异不受性别的调节。对被试判断的反应时进行统计，结果见表 2-3。

表 2-3　不同被试判断的反应时（单位：ms）（$M \pm SD$）

组别	二年级	三年级	四年级	五年级	男生	女生
阅读正常组	1285 ± 4256	10883 ± 2460	9377 ± 2536	7886 ± 2332	9734 ± 3050	10078 ± 3507
阅读障碍组	1269 ± 5186	11640 ± 4295	9794 ± 3343	9926 ± 3272	11320 ± 4213	9682 ± 3774

表 2-3 表明，在判断反应时上，阅读正常组与阅读障碍组差异不大，

年级、性别没有改变这种趋势。方差分析发现组别之间差异不显著，$F(1, 76)=0.037$，$p>0.05$；年级之间差异显著，$F(3, 127)=6.897$，$p<0.01$。组别之间的差异不受年级的调节。

（四）讨论

研究结果显示，阅读障碍组与阅读正常组在语素理解上差异很大。语素理解是一个缓慢发展的过程，儿童的语素识别基于对语素的理解与记忆。具体过程为，当儿童看到目标字时，目标字的字形激活了其心理词典中与这个字有关的语素及整词表征，并从中搜索与这个词匹配的意义，与题目中给定的四个选项进行比对，然后做出选择。与阅读正常组相比，阅读障碍组成绩明显较差。原因可能是阅读障碍儿童识别语素的相关经验不足，相关知识少，在语素加工任务上难以有很好的表现。

有关年级变量的结果，二、三、四、五年级之间的差异均非常显著，说明整个小学阶段是儿童语素理解能力发展的重要时期。小学阶段儿童心理的发展是沿着不分化到逐渐分化的方向进行的。在语文学习初期，儿童只是记住了一个孤立的字或词，这时，其语素表征是不分化的；随着阅读和学习的深入，有关这个字的各种意义逐渐分化，并在心理词典中形成了清晰的表征，与相关的字、词之间也形成了丰富的网络连接，字的形、音、义之间的激活逐渐达到了自动化。因而，认知加工无论在速度上还是在质量上均有了显著的提高。这也解释了儿童的加工速度随年级升高而不断提高的事实。

在反应时方面，本实验没有发现阅读障碍组的反应时更长。原因可能是对于两组学生来说，实验材料所使用的汉字还是比较熟悉的，从表面上都可以做出判断，所以反应时很接近，但是正确率有偏差。因此，这种任务看似简单，实际上对阅读障碍组来说有一定难度。按照常理，阅读障碍儿童在心理词典通达方面存在缺陷（吴思娜等，2005），加工速度应比正常组慢。但是在加工中，阅读障碍组完成认知任务的精细度低，这种差异体现在判断的正确率中。另外，这也与词汇激活的差异有关，汉字的最大特点是一字多义，根据平行分布加工理论（parallel distributed processing theory，PDP），如果一个音节、一个汉字只和一个语素联系，那么这组音、形、义之间的结点就太少，在阅读时被激活的概率较低；反之，如果一个音节、一个汉字和多个语素联系，这组音、形、义之间就形成了丰富的网络，阅读时激活它的概率就要大得多。

二、阅读障碍儿童语素意识缺损表现及实质

以上研究发现，在阅读障碍儿童中，语素意识的缺损是阻碍其阅读理解的一个重要原因。范晓玲等人（2017）从同音同形语素、语素理解和语素组合三个方面考察了三、四年级阅读障碍儿童在语素意识方面的缺损，并探究了这三种成分在其中发挥的作用。结果发现，与阅读正常组比，阅读障碍组的语素意识较差。

同音同形语素指的是读音完全相同的同形语素，比如语素“明”在现代汉语词典中的标注①是明亮（与“暗”相对），在这里我们可以用该字组词，如明天、天明、灯火通明；“明”在现代汉语词典中的标注②是明白、清楚，在这里我们可以用该字组词，如讲明、分明、去向不明。“明”在这两个例子中的意义之间并不存在联系，因此，它们就是同一个汉字字形“明”所记录的两个同音同形的语素。语素理解是指在一个词语中，个体对词语其中一个语素意义的理解。比如，给儿童四个带“情”的词语：情感、情面、情形、情况，要求儿童从里面找出“情”这个语素代表“情谊”的词，即考察儿童对“情”这个语素的理解。语素组合在一定意义上来讲是构词的过程（林春泽，1999）。但是语素组合是一个比较复杂的过程，有时候我们可以通过将意义相同的两个语素组合在一起，形成一个意义相同，或者

相似的词语，比如将“阅”和“读”进行组合，构成“阅读”一词；但是依然还有很多词，并非简单的语素的意义的相加，比如“土”和“豆”两个语素组合成“土豆”一词。对语素组合要求阅读者有比较丰富的知识经验和阅读能力，是一个涉及多方面的复杂的过程。另外，在以往的研究中，我们发现，尽管阅读任务的侧重点不同，语素意识和任务成绩都存在较高相关。

以往的研究都证明阅读障碍儿童存在语素意识缺损。这是影响阅读理解能力的一个重要因素。但这些研究只说明了语素意识缺损与阅读能力之间的关系，并没有对语素意识缺损影响阅读理解的机制进行详细探讨。

在我们阅读的汉语文本中，单字词比较少，大部分是由多个语素组成的复合词汇。语素构词的形式、构词的规则对文本阅读影响很大。除了语素构词规则，语素在整词中的地位、对整词意义的影响都很重要，就是复合词汇的语义透明度（王春茂，彭聃龄，1999；余雪等，2015）。

语素对整词意义的反应程度越高，语素就越有利于整词意义的提取，那么该词的语义透明度就越高。比如“阅读”这一词是由语素“阅”和“读”构成的，该词的含义可以由语素“阅”和“读”来获得，这样的词汇语义透明度就高；再比如“土豆”这一词是由语素“土”和“豆”构成的，该词的含义与语素并不相同，无法通过语素“土”和“豆”来获得，这样的词汇语义透明度就低。当学习语义透明度低的词汇时，学习者若还使用语素构词规则去分析词汇，就会增加学习难度。这说明，成熟的阅读者在学习词汇时，可以灵活运用规则，在学习透明度高的词汇时使用语素构词规则，在学习透明度低的词汇时，则抑制使用语素构词规则，以获得整词的意义。阅读障碍儿童在学习词汇时往往存在困难，这与其语素构词规则的缺损有关（Zhang et al.，2014）。这种缺损存在着两种可能的原因，一种是阅读障碍儿童本身就缺乏语素构词规则，无法使用该规则来对词语进行学习；另一种是阅读障碍儿童并不缺乏语素构词规则，但是在学习词汇时无法将其灵活运用。

余雪等人（2015）对三年级和五年级的汉语阅读障碍儿童语素构词规则缺损的机制进行了研究，以探明阅读障碍儿童是缺乏语素构词规则意识，还是无法灵活运用语素构词规则。结果发现，阅读正常组的儿童在词汇学习中能够利用语素构词规则，词汇之间关系清晰，词素与整词关系明确，透明度高的词汇语义通达容易，透明度低的词汇难以通达；阅读障碍儿童也掌握语素构词规则，而且不仅在学习透明度高的词汇中使用，在学习透明度低的词汇中也使用。但是阅读障碍儿童不能够根据词汇的语言特征对语素构词规则进行灵活使用，在学习不透明的词汇时不能有效地抑制语素构词规则。也就是说，当阅读障碍儿童在学习“阅读”这类透明度高的词，即学习单个语素含义与整词含义关联程度较高的词汇时，语素构词规则发挥较大的作用。阅读障碍儿童会尝试着使用其中的某一个语素比如“阅”或者“读”来对整词进行理解，由于构成词的语素与整词含义关联较高，因而阅读障碍儿童对整词的学习并不费力。而当阅读障碍儿童在学习“土豆”这类透明度比较低的词汇时，即由与整词含义没有关联或者关联极少的语素构成的词时，也会尝试着用其中包含的单个的语素比如“土”或者“豆”对“土豆”这个词汇进行理解和学习，将语素和整词生硬地联系在一起，但是这两个语素各自的含义与“土豆”大相径庭，这就造成了阅读障碍儿童的词汇学习困难。

由此可知，对于阅读障碍儿童来说，语素意识的缺损并不是因为阅读障碍儿童缺乏语素构词规则，而是不能灵活地运用自身掌握的语素构词规则。如何通过帮助儿童掌握准确的语素构词规则，提高阅读障碍儿童的阅读理解能力，这也许是我们未来教育实践中的重难点。

第四节　阅读障碍儿童语素分辨及运用

一、语素与词、短语关系

（一）语素的含义

语素是语言中最小的音义结合单位。“最小”的意思即“不可再分”，与“词”这一更大的单位不同。“音义结合”则说明与没有意义的“语音形式”不同。“音义结合”中的“义”又分为两种含义。一种是表示事物、现象的词汇意义，如“你”“我”“书”等；另一种则只表示某些语法意义，如“我送你一本书”和“我送你的一本书”中，有没有“的”明显表示出两种不同的意思，此处的“的”虽然没有词汇意义，但是有语法意义。

在汉语中，一个字就是一个音节，语素以单音节为主，比如，“湖”“景”“心”“乱”是一个语素，“力量”“饮料”“手套”“毛笔”等是两个语素，“打游戏”“唱首歌”是三个语素。以“毛笔”为例，“毛”是指人或动物身上的毛发，“笔”则是写字画图的工具，二者构成了“毛笔”的概念，即用某些动物的毛制成的笔，是书写汉字和画中国画的传统工具。两个汉字都有语音形式和词汇意义。因此，在“毛笔”一词中有两个汉字，同时也有两个语素。也不是所有汉字都只对应一个语素。那么，读者肯定会好奇：什么类型的词是汉字个数和语素个数不相等的？

首先是从外文中衍生出来的音译词，比如“巧克力”“麦克风”“芭蕾”“马拉松”“瑜伽”等，虽然这些音译词的汉字个数有多有少，但是语素都只有一个。拿“马拉松”举例，这三个单独的汉字都各有含义，“马”字在现代汉语字典中的含义主要有三种。第一种：哺乳动物，是重要的力畜来源之一，可供拉车、耕地、乘骑等用；第二种：形容“大”，像马蜂、马勺之类；第三种：姓氏。但是在“马拉松”这个词中，“马”字只有读音，没有语义，所以“马拉松”一词中并非含有三个语素，而只是一个语素。

其次是拟声词，比如“叮”“咚”“呲溜”“哗哗”“滴滴答”“稀里哗啦”等。在拟声词中，汉字仅仅用来表音，而与字义无关。就“稀里哗啦”一词中的“稀”而言，它在现代汉语中有三种解释。第一种：同“希”，如稀少；第二种：事物之间不紧密，与“密”相对，如稀疏；第三种：含水分多，浓度小，如稀盐酸、稀饭。显然无论哪一种释义，都无法解释“稀里哗啦”一词中的“稀”，因为在这个词中，“稀”没有任何的含义，只是一个语音形式，构不成一个语素，只有和另外三个字组合成“稀里哗啦”的时候才具有意义，并能构成一个语素。

最后是由两个音节连缀成义的词汇。比如“蝙蝠”“蝴蝶”“苗条”“垃圾”“秋千”等。“秋千”是个名词，由“秋”和“千”两个汉字共同承载含义，若把“秋”和“千”两个汉字单独列出则并不能承载这个含义。那么“秋”和“千”能不能单独成为语素？在现代汉语中，“秋”可以组成许多词，如“深秋”“秋风”“秋高气爽”这些词中的“秋”具有“秋季”的意义，此时的“秋”就可以独立成为一个语素。同样，“千方百计”中的“千”也具有词汇意义，表示数量多的意思，也可以独立成一个语素。只不过在“秋千”这一特定的情况下，“秋”和“千”不具有单独的词汇意义或语法意义，只有组合起来才具有意义。

（二）语素与词、短语的关系

想要很好地分辨语素，不仅要厘清语素数与字数的关系，还要厘清语素与词、短语的关系。如果不能很好地对它们进行区分，在学习的过程中，就不能准确解读语言的含义，导致学习能力不足，成绩不佳。因此，划清三者之间的界限显得尤为重要。

语素是语言的最小单位，能发音且有意义；词汇是可以独立使用的最小语言单位；短语是比较短的语言组合，包含两个或两个以上实词。从中，我们不难发现三者的关系：语素构成词，词构成短语。

为了更清晰地了解三者之间的关系，我们举一个例子，“他有一把蓝色的玩具手枪”这句话如果按照语素划分，可分解为：他/有/一/把/蓝/色/的/玩/具/手/枪；如果按照词划分，可分解为：他/有/一把/蓝色/的/玩具/手枪；如果按照短语划分，可分解为：玩具手枪/蓝色的玩具手枪/一把蓝色的玩具手枪/他有一把蓝色的玩具手枪等。这个例子可以较为直观地反映出语素、词汇、短语之间的关系。词由语素组合而成，短语由词组合而成。但不难发现，有些字既是语素，也可以成为单独的词，比如“他”“有”；而有些词则需要由若干语素整合而成，如“一把”由“一”和“把”两个语素整合而成。接下来具体分析三者的两两关系。

第一，语素与词之间的区别。语素是最小的音义组合，不能独立使用；词汇由语素构成，是能够独立运用的最小语言单位。语素基本是单音节，词汇基本是两个以上音节；语素意义不固定，词汇意义是基本固定的；语素只由单一的成分构成，词汇由两个以上语素构成。从定义上来看，二者最根本的区别是：词可以独立运用，而语素不能。所谓“独立运用”就是指能够独立地给客观事物、现象或概念加以概括，并用于造句。比如“脸颊”一词中包含两个语素，“脸”字的一种解释为头的前部，从额到下巴，“颊”字的解释为脸的两侧从眼到下颌的部分。虽然“脸”和“颊”都是语素，但二者本质上有所不同。我们可以说“我的脸上有颗痣”“洗脸”，但不能说“我的颊上有颗痣”“洗颊”。由此我们可以看出，“脸”虽然是一个语素，但它可以自由运用，所以也可以成为词；而“颊”虽然也是一个语素，但它不可以自由运用，所以不能成为词。第二，词与短语的区别。也许有的读者会奇怪：短语不就是由词构成的吗，有什么难区分的？那么，请思考一个问题：“你好”是词还是短语？可能大多数人都认为“你好”是个词，但事实上，“你”是主语，“好”是谓语，这是一个简单的主谓结构的短语。再例如，“风暴”和“风雪”哪个是词，哪个是短语？如果只是从形式上看，我们很难辨认。“风”“暴”“雪”都是语素，“风暴”和“风雪”都可以充当句子中的成分，可以独立运用。“风暴”是词，“风雪”是短语，那么，怎样区分词与短语？

首先，是否有非自由语素。词的构成单位是语素，短语的构成单位是词，词必须要由自由语素组成；其次，词的内部不可停顿，而短语的内部则是可以停顿的。一般情况下，词在语音上具有连续性，即内部构成要素之间无语音休止。而短语在语音上具有可分割性，能够分出更小的连读单位；最后，从语法结构上看，词具有现成性和凝固性，如“西瓜”是一种现成单位，不能将其扩展成“西的瓜”或“西不瓜”，这表明“西瓜”是词。而短语是临时组合的，且能够扩展。例如，“优秀学生干部”可以扩展为“校级优秀学生干部”“校级优秀学生社团干部”，“水火”可以扩展为“水和火”。插入扩展法是一种可以区分词和短语的好方法。如果在某一语言单位中插入其他语言单位使之前的语言单位扩展后，不会改变原有意义，这一语言单位就是短语；如果改变了原有意义，这一语言单位就是词。

二、阅读障碍儿童的语素分辨能力

Ball（1991）的研究发现，语音意识很重要，尤其对儿童的早期阅读来说。语音意识对阅读能力的发展有预测作用，儿童期语音意识好的儿童，未来的阅读能力发展会更好；如果儿童期语音意识差，甚至存在缺陷，儿童就会出现拼写问题。也有的研究让被试完成语音和语素任务，结果发现阅读水平受语音和语素两个因素共同影响。

有研究通过测量由词素（词根和派生后缀）组成的假词和单词的命名过程，来研究词法在朗读中的作用。将被试分为四组，包括阅读障碍儿童在内的三组不同年龄和阅读能力的意大利儿童以及一组成人读者。结果发现，与简单的假词相比，四组被试阅读由词根和后缀组成的假词的速度更快、更准确。儿童在阅读时依赖的主要是词素短语的认知经验（Burani et al., 2008）。有研究通过让被试评定词与语素关系来考察词的派生与变形。结果发现，语音在阅读中起着重要作用，而语素在阅读中不起作用（Roach & Hogben, 2008）。语素意识指阅读者对语言中最小的意义单位（语素）以及单词中语素的组合模式进行反思和操控的能力（杜慧颖，2020）。以往研究表明，对成人阅读障碍者进行专项训练，其语素能力可以显著提高。

有研究通过简单反应时测试（看到刺激就做出反应）、选择反应时测试（看到刺激后要先对刺激进行归类，再通过不同的按键做出反应）以及数字和符号扫描任务测试，将母语为英语和意大利语的阅读障碍儿童与智商低的阅读障碍儿童进行了比较。在处理速度任务上，智商低的儿童的反应比阅读障碍和年龄控制组的儿童慢。在选择反应时任务中，智商低儿童的表现也不如智商正常的孩子准确。这表明阅读障碍是一种特殊的认知缺陷，智商影响阅读速度（Bonifacci & Snowling, 2008）。

何淑娴等人（2000）用母语为汉语的阅读者检查了发育困难的语音障碍假说。将 56 名中文的阅读障碍儿童（其中 23 个阅读和写作困难，33 个只有阅读问题）与相同年龄的普通儿童和相同阅读水平的普通儿童在语音意识和语音记忆方面进行了比较。结果表明，阅读困难并且写作困难的儿童的语音任务成绩特别差，存在语音加工障碍。阅读障碍儿童在所有语音记忆任务中的表现也显著低于年龄对照组和阅读水平对照儿童，因此，研究者认为阅读障碍儿童存在语音记忆障碍。

Carlisle 和 Nomanbhoy（1993）认为，语音意识与儿童的学习阅读成绩有关，因为它代表一种对单词内部结构的意识。语素意识可能提供了一种更全面的语言敏感性衡量标准，因为它不仅涉及语音意识，还涉及语言知识的其他方面。研究者们想确定语音和语素意识能在多大程度上解释单词阅读中的差异。因此，他们使用了两个形态意识任务，一个是评估语素关系的判断，另一个是评估词形变化和衍生形式的产生。结果表明，语音意识对语素意识任务的表现有显著影响。语音意识和语素意识对词汇阅读差异的贡献显著，但语音意识的贡献更大。由此得出，语音意识对儿童阅读具有重要作用。

我们认为阅读障碍儿童对语素的分辨能力可以反映出语素意识在阅读中的重要性。我们设计了以下实验，来探讨汉语阅读障碍儿童和阅读正常儿童在同音语素分辨能力上的差异及其发展特点。

（一）被试

从某小学二、三、四、五年级共1603名学生中进行被试筛选，筛选标准及过程如下：

（1）使用王孝玲、陶保平编制的《小学生识字量测试题库及评价量表》，对某小学二、三、四、五年级学生进行识字量测试，结果见表2-4。

表2-4　某小学二、三、四、五年级学生的识字量

年级	二	三	四	五
识字量（M）	1035	1652	2153	2281.84

（2）教师根据学生平时的语文成绩，选出本班阅读水平高、低两组学生，其中高15名，低15名。

（3）对（1）和（2）筛选后的学生进行瑞文标准推理测验，把智力过高与过低的学生排除。

根据以上过程，得到被试共131人，其中男生92人，女生39人，年龄10~12岁，具体情况见表2-5。

表2-5　被试分布情况（单位：人）

组别	二年级	三年级	四年级	五年级	总计
阅读障碍组	13	16	18	18	65
阅读正常组	14	17	18	17	66
总计	27	23	36	35	131

（二）实验材料与设计

本实验包括组别和年级 2 个自变量。组别分为阅读障碍组和阅读正常组，年级分为二年级、三年级、四年级和五年级。

实验材料来自小学语文教科书（主要是前 6 册），选出同音同义、同音不同义汉字词汇各 40 对。

让没有参加此次实验的二年级学生评价是否认识这些词汇，选出认识率在 95% 以上的词汇作为本次实验的材料。其中，同音同义、同音不同义汉字词汇各 19 对，共 38 对。

（三）实验及过程

采用 E-prime 软件编写实验程序。实验分为练习阶段和正式阶段。采用 14 寸液晶显示器呈现实验材料，计时精确度为 1ms，每个实验需要 3~8 分钟。

实验材料均用计算机呈现，每个实验开始前，主试指导被试练习按键，当相同音节的两个字意义相同时按“Y”键（肯定键），当相同音节的两个字意义不相同时按“N”键（否定键）。然后，按空格键开始听下一组词汇（按键在被试间平衡）。确认被试充分理解实验操作之后，开始实验。

实验开始时，屏幕中央出现一个“+”作为注视点，当被试按空格键时，“+”消失，通过计算机耳麦开始连续读出两个词汇，中间间隔 300ms，然后等待被试按键反应，被试按键后完成一次试验，随后屏幕再次出现注视点，重复实验直至结束。

（四）结果与分析

共 39 题，答对一题记 1 分，答错记 0 分。对被试判断的得分情况进行统计，结果见表 2-6。

表 2-6　不同被试判断的得分情况（$M \pm SD$）

组别	二年级	三年级	四年级	五年级
阅读正常组	23.25 ± 2.56	23.06 ± 2.58	25.50 ± 3.30	26.63 ± 2.98
阅读障碍组	20.47 ± 2.50	21.56 ± 2.63	22.06 ± 2.73	23.63 ± 2.92

表 2-6 显示，不同年级的阅读正常组的成绩都显著高于阅读障碍组，表明阅读障碍组学生的同音语素分辨能力比较差。进一步进行方差分析显示，组别变量主效应显著，$F(1, 76)=15.563$，$p<0.01$；年级变量主效应显著，$F(3, 127)=7.996$，$p<0.01$。事后检验（LSD）发现，二年级与四、五年级差异显著，三年级与四、五年级差异显著，四年级与五年级差异显著。这一结果说明，组间差异和年级之间差异都是有意义的。对被试的反应时进行统计分析，结果见表 2-7。

表 2-7　不同被试判断的反应时（$M \pm SD$）（单位：ms）

组别	二年级	三年级	四年级	五年级
阅读正常组	5272 ± 2054	5177 ± 2078	4108 ± 836	4335 ± 1620
阅读障碍组	5322 ± 1914	6171 ± 1872	4390 ± 953	4131 ± 1053

表 2-7 显示，不同年级的阅读正常组与阅读障碍组反应时接近，说明不同组别被试的加工速度无显著差异。进一步进行方差分析显示，组别变量的主效应不显著，$F(1, 76)=0.502$，$p<0.05$；年级变量的主效应显著，$F(3, 127)=9.025$，$p<0.01$。其他变量的主效应及变量之间的交互作用均不显著。进行事后检验（LSD）发现，二年级与四、五年级差异显著，三年级与四、五年级差异显著。这一结果说明，随年级升高，儿童的加工速度有很大提高。

（五）讨论

从实验结果来看，阅读障碍儿童的同音语素分辨能力显著低于正常儿童，表现出明显的缺陷。有研究人员发现，阅读障碍儿童在识字时更多地采用机械识记，孤立地记住字形或字音，不能将音、形、义有效地联系起来。当他们听到包含相同音节的两个词汇时，无法由字音提取字义，只能靠感觉或猜测进行判断（吴思娜，2004）。孟祥芝（2000）的研究表明，汉语阅读障碍儿童字形表征质量差，形与音、形与义的表征间联结松散、不精细，相互激活速度也慢（吴思娜，2004）。在实验过程中观察到，阅读障碍组儿童更多地靠猜测进行判断，事后的访谈也证实了这一点。这主要是由阅读障碍儿童语素表征数量少，且缺乏精细度所造成的。

结合儿童在实验中的表现的观察和访谈资料，本研究认为，由于阅读正常组儿童在听到词对后，是经过一番思考才做出判断，而阅读障碍组儿童则倾向于快速做出反应，缺少仔细的加工。因而二者在反应时上没有太大的区别。

三、阅读障碍儿童语素运用能力

学习语言的目的不仅仅是为了能分辨出不同的语素所表达的含义，更重要的是怎样更好地通过语言这个载体运用自己所掌握的语素理解别人的意思，并传达自己的思想。因此，语素的运用在我们学习和生活中的重要性不言而喻。

语文这门课程想必对大家来说都不陌生，它是我们从小学阶段开始就必修的一门主要课程。并且，语文还与其他课程息息相关，比如有些学生面对数学应用题时无从下手，这可能并不是由于该学生的数学能力不强，而是语文能力不够，他可能无法看懂那道应用题所表达的意思。如果连应用题内容都无法看懂，那么语文试卷中的阅读理解和作文又从何下手呢？

想要提高语言理解与表达能力，词语的积累绝对是必不可少的。很多人都懂其中的道理，也会注重日常积累，但总是容易遗忘，当需要运用的时候就记不起来。原因很简单，很多人只是死记硬背，没有对词语的意义进行深层加工，没有真正理解词语的含义。可能有人会质疑：我明明已经查过词典，知道了这个词的基本解释，这还不算深层加工吗？答案是否定的，我们要知其然，还要知其所以然。也就是说，我们要知道词语的基本意义，更要知道该词语为什么能够表达出此意义，以及与它读音相近、形状相似的词有什么不同，怎样将它应用于不同语境之中。

上文提到，汉语中每个词语都是由若干语素构成的。然而复合词的词义并非等于几个单音节语素意义的简单相加，对复合词内部的语素进行深入分析将有助于我们更好地理解该词是由哪些语素组成，以及各个语素的含义是什么，进而把握复合词的语义（何艳丽，2020）。

当我们遇到难以分辨的词，想通过分析语素对其进行辨析时，就要用到语素分析法。例如下面一道选择题：

李医生遇到一个从未见过的医学名词，于是他去翻那本医学 _____ 找到了答案。

A. 词典　　　　　　　　　B. 辞典

“词典”和“辞典”，它们是含相同语素的一组词语，我们可以通过分析相异语素各自的含义，进而找到词语间的细微区别。“典”的意思是指典范性的书籍，“词”指语言里最小的、可以自由运用的单位，“辞”指广义的言语文辞意义。可见，二者之间的差异在于：“词典”是收集词汇并加以解释供人检查参考的工具书（现多指词语方面的），而“辞典”则多用来指专科或百科类工具书。因此，这道题的答案应该是 B“辞典”。

再比如下面一道公务员考试的原题：

①足球进校园，让孩子们能在绿茵场上尽情奔跑，同时，也要尊重一部分孩子不喜欢足球的 ________。

②老同学找他办事，他很为难地说：“我就这么点 ______，解决不了那么大的问题，你还是想想别的办法吧。”

③中国银保监会近日召开会议，强调通过开展治理理赔难等三项措施，

切实保护好保险消费者合法 ______。

填入划横线部分最恰当的一项是：

A. 权力　权益　权利

B. 权力　权利　权益

C. 权利　权益　权力

D. 权利　权力　权益

首先，我们需要分辨“权力”和“权利”之间的不同，“力”指力量，能力；“利”指利益（跟“害”“弊”相对）。当我们掌握了“力”与“利”之间的差别后，就可以通过整合推理得知“权力”指职责范围内的支配力量，而“权利”指公民或法人依法在政治、经济、文化各方面所享有的利益。第一个空涉及的是孩子的“利益”，他们有喜欢或不喜欢足球的“权利”，那么排除 A、B 两个选项。“益”指好处（跟“害”相对），“权益”指应该享有的不容侵犯的权利；第二空指的是“他”手中所具有支配事物、解决事物的力量、能力，所以用“权力”；第三空指的是切实保护好保险消费者合法的“应该享有的不容侵犯的权利”，所以是“权益”，选答案 D。

我们可以看出，即使是搭配同一个对象，不同的词都能够强调不同的意思，虽然它们的意思很接近。所以，充分了解语素并将其合理运用到各个实例中对我们学习与使用语言来说是非常重要的。

还有一种方法是“语素联想法”，指当遇到不熟悉或陌生的词语时，通过分析词语中各个语素的含义，更好地整合、辨认词义的方法。例如，当我们第一次看到“淡泊以明志，宁静以致远”时，可能会陷入疑惑，不懂这个句子的意思，甚至连解释其含义的突破点都找不到。我们来仔细分析一下它的语素，“淡”指浅，薄，含某种成分少，与“浓”相对；“泊”：安静，那么“淡泊”的意思大致就是心地安然，不为名利所动；“明”指睿智，英明；“志”指志向，志愿；“以”：用，拿，把，将。将这些语素整合起来，“淡泊以明志”的大意就是心地安然，不为名利所动才能使志向英明。

阅读正常儿童是能够掌握语素运用技巧的，那阅读障碍儿童，在语素运用的能力上是否会存在缺陷？我们设计了如下实验来比较儿童在语素运用能力上的差异，并探讨出现这种差异的原因，分析语素意识是否是阅读障碍产生的重要因素。

（一）被试

被试的筛选标准及过程与本节第二部分的实验相同。

（二）实验材料与设计

本实验包含组别和年级两个自变量，组别包括阅读障碍组和阅读正常组，年级包括二年级、三年级、四年级和五年级。

从小学现行课本（主要是前三册）中筛选汉字词汇 40 个，并且尽可能选择那些语义透明度高、一个音节对应三个或三个以上语素的字作为目标字。

（三）实验仪器及过程

采用 E-prime 软件编写实验程序。采用 14 寸液晶显示器呈现实验材料，每个实验需要 3~8min。实验分为练习阶段和正式阶段。

实验材料用耳麦播放，每个实验开始前，主试指导被试按键，当相同音节的两个字意义相同时按“Y”键（肯定键），当相同音节的两个字意义不相同时按“N”键（否定键），按空格键开始听下一组词汇。确认被试充分理解实验操作之后方可开始实验。实验开始后，屏幕中央出现一个“+”作为注视点，当被试按空格键时，“+”消失，通过计算机耳麦开始连续读出两个词汇，中间间隔 300ms 然后等待被试判断按键，被试按键后，屏幕出现注视点，完成一次试验。重复实验直至结束。

（四）结果与分析

对被试的判断得分进行统计，结果见表 2-8。

表 2-8 不同被试判断的得分情况（$M \pm SD$）

组别	二年级	三年级	四年级	五年级
阅读正常组	27.00 ± 4.37	23.59 ± 5.46	25.94 ± 4.72	31.74 ± 4.56
阅读障碍组	16.13 ± 4.50	16.88 ± 4.87	17.22 ± 3.00	22.94 ± 4.75

表 2-8 显示，不同年级的阅读正常组成绩都显著高于阅读障碍组，说明阅读障碍组学生在语素的运用能力上存在缺陷，显著低于正常儿童。方差分析结果显示，组别变量主效应显著，$F(1,76)=64.699$，$p<0.01$；年级变量主效应显著，$F(3,127)=9.829$，$p<0.01$。对年级之间差异进行事后检验（LSD）发现，二、三、四年级与五年级差异显著。其他变量主效应及变量之间的交互作用都不显著。这一结果说明，组间差异和年级之间的差异都是有意义的，并且四、五年级之间是语素运用能力发展的关键期。对被试的反应时进行统计，结果见表 2-9。

表 2-9 不同被试判断的反应时（$M \pm SD$）（单位：ms）

组别	二年级	三年级	四年级	五年级
阅读正常组	22857 ± 8094	15128 ± 3858	12959 ± 4918	17887 ± 5973
阅读障碍组	17807 ± 5485	14273 ± 3764	16298 ± 3834	16652 ± 3311

表 2-9 显示，不同年级的阅读正常组与阅读障碍组的反应时接近，说明不同组被试加工所需时间无显著差异。方差分析发现，组别变量主效应不显著，$F(1,76)=1.846$，$p<0.05$；年级变量主效应显著，$F(3,127)=8.062$，$p<0.01$。其他变量的主效应及变量之间的交互作用均不显著。对年级之间的差异进行事后检验（LSD）发现，二年级与三、四、五年级的差异均显著。

（五）讨论

结果表明，阅读障碍组儿童的成绩显著低于阅读正常组儿童的成绩。这说明在语素运用能力上阅读障碍组存在缺陷。通过观察被试在实验过程中的表现发现，阅读障碍组被试对同一个字承载的不同语素缺乏清楚、准确的认识，语素意识差；而阅读正常组儿童语素构词的错误率低，表现出很强的语素意识。

另外，在这个实验中，二年级阅读障碍组的成绩与三年级接近，二年级阅读正常组的成绩甚至超过了三、四年级。可能存在的原因：一是选择的目标字主要出自教材的前三册，二年级学生刚刚学过，印象还很深刻；二是主试给被试提供了充裕的反应时间。对反应时的统计结果显示，年级之间存在差异。随年级升高，被试的加工速度不断提高，但是提高的速度不同。二年级到三年级、四年级到五年级是两次飞跃。通过实验过程中的观察发现，同样的反应时的意义不同。阅读正常组儿童倾向于认真地分析思考他能够想到的每一个词，直到找到他认为恰当的词汇，从而使反应时延长。这可能是激活的结点多、需要一一检索的缘故。阅读障碍组儿童则是因为思维不流畅而导致的反应时过长。这可能是由于阅读障碍组儿童语素表征缺陷导致的形 — 义联结不通畅。

总之，在语素运用的实验中，阅读障碍组与阅读正常组之间的成绩差异更大。通过进行个体分析来考察两个测验任务中个体缺陷的分布情况，采用与吴思娜、舒华、王彧相同的方法确定缺陷标准。首先，计算阅读正常组的平均数和标准差，并检查超出 1.65 个标准差（*SD*）的被试，排除这些被试。然后，根据调整过的阅读正常组的平均数和标准差，计算阅读障碍组的标准分数。找出标准分数在正常组 1.65 个标准差以外，即低于同年级阅读正常组 1.65 标准差的个体为存在缺陷的被试，计算结果见表 2-10。

表 2-10　不同实验任务下语素分辨和运用能力缺陷人数分布情况

变量	二年级（人）	三年级（人）	四年级（人）	五年级（人）	总计（人）	占阅读障碍组人数的百分比（%）
语素分辨能力	6	6	5	4	21	32.8

续表

变量	二年级（人）	三年级（人）	四年级（人）	五年级（人）	总计（人）	占阅读障碍组人数的百分比（%）
语素运用能力	12	9	10	12	43	66.2

表 2-10 显示，与同音语素分辨能力相比，各年级阅读障碍组儿童在语素理解和语素运用能力方面发生缺陷的比例更大。

在反应时方面，阅读障碍组和阅读正常组在加工速度方面没有显著的差异，这一结论耐人寻味。通过对被试在实验过程中的反应进行观察以及实验后对其进行访谈，发现可能存在以下两方面原因：一是他们的态度与反应方式不同，阅读正常组儿童在实验中不轻易放弃，倾向于努力回忆、思考，寻求最佳答案；阅读障碍组儿童则倾向于快速做出反应，遇到想不起来的情况经常放弃；二是实验过程中两组被试的操作技能无差别，在主试教授被试理解实验要求及学习按键反应的时候，阅读障碍组儿童表现出了很强的接受及学习能力，实验过程中的按键与阅读正常组儿童没有区别。研究结果一方面说明阅读障碍组儿童心理词典中的语素表征贫乏且不精细，其语素和形音之间的连接也不牢固，表现出语素意识的缺陷；另一方面也说明阅读障碍儿童只是在阅读方面存在缺陷，在其他方面与阅读正常儿童是一样的。

对于语素意识是否可以预测儿童语素分辨和运用能力，最近的研究各持己见。张潮等人（2020）对小学一、五年级儿童的语素意识和听写进行了为期一年的追踪研究。结果发现一年级儿童的同音语素意识和同形语素意识对听写具有跨时间点的正向预测作用，而五年级儿童的语素意识对听写的跨时间点预测作用不显著。李利平等（2020）研究发现，语素意识能够预测汉字识别的起始水平和发展速度，可是对听写的起始水平和发展速度来说，语素意识并不具有预测功能，即语素意识对儿童汉字识别和听写发展的作用不同。外国的研究者也有类似发现：基于语素能力的训练似乎跟阅读水平的提高不太相关（Barkochva et al.，2020）。但是，这些研究在被试筛选、测试的效度和信度以及数据处理方法等方面都有所不同，从而降低了研究结果的可比性。

第五节　语素意识干预在教学中的应用

语素意识在我们的阅读理解中发挥着重要作用，阅读障碍儿童的语素意识较差，不能从语素角度加工整词，对整词意义的提取困难。那么，是否可以对阅读障碍儿童的语素意识进行干预，从而提高其阅读能力？

一、语素意识干预促进作用

有研究者对母语为非汉语语言的阅读障碍儿童的语素意识的干预研究进行了元分析，证明在非汉语阅读中，对语素意识的干预可以提高阅读障碍儿童的阅读、拼写和词汇能力（Goodwin & Ahn，2010）。

由于语素意识与语言的各方面有关，比如理解、拼写、读音，语素干预也因教学目标和所使用的策略而不同，研究者通过对以往研究的总结分析，总结出语素干预的主要形式。这些形式包括词根词缀指令，确定词根词缀单词，根据语素构建单词，复合词指导，语素与语法链接，强调曲折语素意识，教学语素模式和规则，区分语素和伪语素，使用上下文、词族指导、词源指导、类比识别单词，使用单词排序来突出语素特征和单词地图。

Kirk 和 Gillon（2009）选择了 16 名年龄在 8 岁 7 个月和 11 岁 1 个月之间的阅读障碍儿童，对其进行语素意识干预。这些干预集中在增强对单词的语素结构意识上，平均每个被试接受了 19.4 次的干预。结果发现，相比于没有进行过干预的对照组，实验组的被试在实验测验中取得了明显的进步。这表明语素意识干预可以对阅读障碍儿童的单词学习带来益处。

二、语素意识教学在中文阅读障碍儿童中的实践

在有关汉语阅读的研究中，对阅读障碍儿童进行语素意识干预的研究还比较少。龙艳林（2020）在其研究中设计了语素意识教学，以期提高小学三年级汉语阅读障碍儿童的阅读能力，研究者展开了一系列有针对性的语素意识教学实验，目的是促进阅读障碍学生语素意识的发展，进而推动阅读能力的发展。

在其研究中，对小学生的教学活动与平时上课类似，由研究者对小学生进行语素意识教学，并设置不进行语素意识学习的对照组。通过对接受语素意识教学组和不接受语素意识教学组儿童的测验结果对比发现，在日常教学中语素意识教学确实对提升阅读障碍儿童的阅读能力有一定作用。在语素意识四个维度上具体表现为同形语素意识和词素意识能力提升。这说明通过语素意识教学，阅读障碍儿童的语素意识可以得到一定的提升，并且进一步表现在阅读理解能力的提升上。

目前，在有关阅读障碍儿童和语素意识的研究中，大部分关注的是语素意识与阅读能力之间的关系。已经有很多研究证明了语素意识的缺损是影响儿童阅读水平的一个重要因素。基于此，我们可以反向思考在日常教学中如何通过培养学生的语素意识来增强其阅读能力，从方法论的方面来提升阅读障碍儿童的阅读水平。这种教学不仅对阅读障碍儿童适用，也可以推广到我们的日常教学活动中去，帮助学生发展更加流畅的阅读技巧和更加精准的理解能力。语素意识教学对我们的语文和阅读教学实践有着重要的意义，但是目前有关汉语阅读中语素意识教学的研究和实践都比较少，在未来的很长一段时间内，这依然是一个需要我们关注和不断探索、完善的领域。

Chapter Ⅲ | 第三章

阅读障碍儿童音、形、义加工

第一节　阅读障碍儿童的语音加工特点

任何语言系统都有自己的发音规则，比如，英语的语音包括元音和辅音，元音是音节的基本成分，一个音节内最多可以连续出现三个元音，辅音主要位于元音前面。汉语的语音系统包括声母、韵母和声调三部分。并且，汉语是有声调的语言，普通话有四个声调：阴平、阳平、上声、去声。语音是大脑通过一系列复杂加工转化而成的有意义的声音。研究发现阅读障碍儿童在语音加工能力上存在缺陷，研究者由此提出了语音加工缺陷理论。这种理论认为，由于儿童在阅读过程中不能很好地知觉和驾驭语言的语音结构，掌握不了形—音转换规则，从而导致阅读障碍，即在语音加工能力上存在缺陷。以往的研究主要针对拼音文字，近些年的研究表明，汉语阅读中同样存在语音加工障碍，证实了非拼音文字系统也存在阅读障碍语音加工缺陷。为了进一步探究汉语阅读障碍儿童语音加工不足的表现，我们进行了如下的实验研究。

一、被试

从某小学筛选出二年级、四年级、六年级被试共计 35 人。具体分布情况见表 3-1。分别对被试进行阅读能力评价、识字量测试和瑞文标准推理测验。各测试结果筛选标准如下：①由语文老师筛选出阅读成绩处于班级后 5% 的学生。②使用《小学生汉字辨别测试系列和评估模式》量表检测出识字量成绩低于同龄人 1.5 个标准差的学生。③所有被试的瑞文标准推理测验分数大于等于 90 分。

表 3-1　被试分布情况（单位：人）

组别	二年级	四年级	六年级
阅读正常组	6	6	6
阅读障碍组	5	6	6

二、实验设计与实验材料

本实验采用 2（被试组别：阅读障碍组、阅读正常组）×3（材料：声母不同、韵母不同、声调不同）×3（年级：二、四、六）三因素混合实验设计。其中，被试组别和年级为组间变量，材料为组内变量。

本实验从小学课本中选取单字，分为不同组。声母不同 15 组，每组 3 个字，共 45 个字，其中有一个汉字的声母与另外两个不同；韵母不同 15 组，每组 3 个字，共 45 个字，每组中有一个汉字的韵母与另外两个不同；声调不同 15 组，每组 3 个字，共 45 个字，每组中有一个汉字的声调与另外两个不同。例如，声母不同组："读""顿""胡"，韵母不同组："多""获""都"，声调不同组："好""依""峰"。三个部分共个字，选取的 45 组字随机呈现在屏幕上，每组 3 个字，每组字呈现时间为 10 秒。

三、实验仪器与实验过程

本实验由一台 PentiumIV2.8G 计算机控制，通过 E-prime 软件在 14 英寸彩色显示器上呈现实验材料。实验过程如下。

（1）在征得被试、家长和老师的同意后，对每个被试进行单独施测。

（2）当被试进入实验室坐在指定位置后，给被试 3 分钟时间平复情绪，眼睛与屏幕中心的距离为 70cm。实验分为练习和正式实验两部分。被试在正式实验前先进行 2 次练习，以便被试熟悉实验过程和要求，然后进入正式实验阶段。

（3）屏幕上呈现出指导语："这是一个语音辨别任务。在提示音后你将看到屏幕上同时呈现出三个字，请你挑出三个字中与另外两个不同的一个。选择第一个请按'1'，选择第二个请按'2'，选择第三个请按'3'。任务分为三组，分别是声母不同组、韵母不同组和声调不同组。声母不同组，就是找出声母不同于其他两个字的字；韵母不同组，就是找出韵母不同于其他两个字的字；声调不同组，就是找出声调不同于其他两个字的字。三组之间有休息。明白了吗？好，开始。"

（4）练习结束后，询问被试是否掌握了实验规则，得到肯定的答复后进入正式实验，屏幕上出现指导语："下面，正式实验开始。"实验过程中要求被试不能向主试发问，要独立按键完成实验任务。

四、结果与分析

对所有被试数据进行整理，没有歧异值出现，所有数据都有效。首先对被试语音辨别的正确率进行统计，结果见表 3-2。

表 3-2 语音辨别正确率结果（$M \pm SD$）

年级	组别	声母	韵母	声调
二年级	阅读障碍组	8.40 ± 4.62	7.80 ± 4.09	6.40 ± 4.83
	阅读正常组	9.17 ± 5.42	8.83 ± 4.31	11.33 ± 4.83
四年级	阅读障碍组	8.67 ± 3.83	7.17 ± 3.60	7.67 ± 5.24
	阅读正常组	9.33 ± 3.72	11.67 ± 3.14	13.67 ± 1.75
六年级	阅读障碍组	8.33 ± 4.46	11.33 ± 2.88	11.17 ± 4.45
	阅读正常组	12.00 ± 0.01	12.00 ± 4.05	13.67 ± 1.03

可以看出，在语音辨别的正确率上，存在很大差异。随着年级升高，整体上所有任务的成绩都在上升。但是阅读障碍组儿童在三种任务上的表现，不同年级的发展趋势不同。声母辨别四年级成绩最好，韵母辨别四

年级成绩最差。进一步的方差分析发现，组别主效应显著，$F(1,29)=5.532$，$p<0.05$，阅读正常组成绩远远好于阅读障碍组。任务主效应显著，$F(2,58)=3.385$，$p<0.05$，声母辨别最难，声调辨别最容易，韵母辨别介于中间。任务与组别的交互作用显著，$F(2,58)=4.229$，$p<0.05$（见表 3-3）。

表 3-3 任务与组别的成绩

组别	任务类型	*M*	*SD*
阅读障碍组	1	8.467	1.005
	2	8.767	0.901
	3	8.411	0.921
阅读正常组	1	10.167	0.973
	2	10.883	0.872
	3	12.889	0.892

可以看出，阅读障碍组儿童的韵母辨别能力好，而阅读正常组儿童在声母、韵母、声调辨别的成绩逐渐提高。阅读障碍组儿童在声调辨别上的成绩反而下降，这是值得注意的。任务、组别和年级的交互作用显著，$F(4,58)=2.685$，$p<0.05$（见表 3-4）。

表 3-4 任务、组别与年级的成绩

年级	组别	任务类型	*M*	*SD*
二年级	阅读障碍组	1	8.400	1.846
		2	7.800	1.655
		3	6.400	1.693
	阅读正常组	1	9.167	1.685
		2	8.833	1.511
		3	11.333	1.545

续表

年级	组别	任务类型	*M*	*SD*
四年级	阅读障碍组	1	8.667	1.685
		2	7.617	1.511
		3	7.667	1.545
	阅读正常组	1	9.333	1.685
		2	11.667	1.511
		3	13.667	1.545
六年级	阅读障碍组	1	8.333	1.685
		2	11.333	1.511
		3	11.167	1.545
	阅读正常组	1	12.000	1.685
		2	12.000	1.511
		3	13.667	1.545

可以看出，二年级时，阅读障碍组三种类型任务成绩逐渐下降；阅读正常组韵母辨别成绩最低。四年级时，阅读障碍组三种类型任务成绩还是呈下降趋势，但是韵母辨别成绩最差；阅读正常组三种类型任务成绩逐渐上升。六年级时，两组在三种任务上的成绩基本是逐渐上升的。

以上正确率的差异，是阅读理解的差异，还是加工深度的差异（即所用时间不同导致的）？需要进一步分析。对语音辨别的反应时进行统计，结果见表 3-5。

表 3-5 语音辨别反应时结果（*M* ± *SD*）（单位：s）

任务	年级	组别	成绩
声母	二年级	阅读障碍组	7485 ± 2758
		阅读正常组	7446 ± 1648

续表

任务	年级	组别	成绩
声母	四年级	阅读障碍组	6011 ± 2286
		阅读正常组	6853 ± 2273
	六年级	阅读障碍组	6166 ± 2140
		阅读正常组	4675 ± 639
韵母	二年级	阅读障碍组	5607 ± 3025
		阅读正常组	8706 ± 4108
	四年级	阅读障碍组	5648 ± 2165
		阅读正常组	6914 ± 1270
	六年级	阅读障碍组	5358 ± 2467
		阅读正常组	5693 ± 1193
声调	二年级	阅读障碍组	3918 ± 1023
		阅读正常组	6596 ± 1064
	四年级	阅读障碍组	5538 ± 2370
		阅读正常组	6144 ± 1049
	六年级	阅读障碍组	5307 ± 2902
		阅读正常组	6439 ± 1874

可以看出，总体上阅读障碍组与阅读正常组没有太大差异。进一步方差分析发现，各个变量主效应都不显著（$ps>0.05$）。这说明，两组被试的阅读时间很接近，两组儿童都进行了认真的阅读。

五、讨论

本实验的目的是从声母、韵母和声调三个方面来验证阅读障碍儿童的语音辨别能力与阅读困难之间的关系。在本研究中，实验要求阅读障碍组儿童和阅读正常组儿童分别对声母不同组、韵母不同组、声调不同组的汉字进行语音辨别，找出每组字中区别于其他两个的那个字。研究发现，阅读障碍组儿童在语音辨别任务上的正确率要明显低于阅读正常组儿童，二者差异显著，但无论是阅读正常组还是阅读障碍组，他们的语音辨别能力都随年级升高而提升。这说明阅读障碍学生在语音辨别任务中存在一定的困难，但随着年龄的增长和知识面的扩展，两组儿童的语音辨别能力都在不断提高。阅读障碍组儿童的韵母辨别能力好，而阅读正常组儿童在声母辨别、韵母辨别、声调辨别的成绩呈现逐渐提高的趋势。这说明在三个任务中声母辨别最难，韵母辨别次之，声调辨别最易。阅读正常组儿童在二年级时韵母辨别成绩最低，而阅读障碍组在四年级时韵母辨别成绩最低。在阅读时间方面，阅读障碍组和阅读正常组没有太大差异，这说明两组儿童都能按要求集中精力，以最快的速度完成实验任务。结果比较发现，汉语阅读过程中，对声母的辨别是最为困难的，而对于声调的辨别是最容易的。在汉语阅读过程中，阅读障碍儿童在语音加工方面确实存在缺陷。在语音辨别任务中，阅读障碍组儿童的正确率要明显低于阅读正常组儿童。这与研究者的预期一致，研究结果也和先前许多研究结果相符。Bradley 等（2011）对阅读障碍儿童和阅读正常儿童语音意识进行研究，对比两组在系列韵律判断任务中的成绩，结果发现阅读障碍组儿童的成绩明显低于阅读正常组，表明阅读障碍儿童在判断两个词是否押韵，或鉴别一组词中韵律不同的单个词时存在困难；Stanovich 等（1994）的研究发现阅读障碍儿童没有明确的音节和音位意识；Snowling（1980）的研究表明阅读障碍儿童语音加工能力存在缺陷；赵微（2004）的实验证实了汉语阅读中语音意识障碍的存在；何淑娴等人（2004）的研究也发现了语音意识在汉语阅读中的重要性，认为语音意识能力与儿童拼音规则掌握水平之间存在着密切的关系；Cheng 等（2021）的研究认为语音技能有助于解释阅读技能的差异以及对阅读障碍进行分类；Virtala 等（2021）的研究发现，阅读障碍中语音处理的困难程度超过了音素辨别和基本的听觉特征提取。因此，这可能是阅读障碍中语言学习困难的核心；Bajre 和 Khan（2019）的研究也认为语音处理缺陷是阅读障碍的标志，表明个体存在核心认知功能障碍。本研究所得结果与以往研究相符，由此可以推断，造成阅读障碍儿童语音能力缺陷的原因可能是阅读障碍儿童认识不清语音结构、掌握不了形—音对应规则以及押韵判断能力不足等。因此对阅读障碍儿童的干预首先应该从语音加工方面入手，培养他们的语音意识，提高他们的语音辨别能力，从而达到改善阅读技能的目的。

在语音辨别任务中，研究者要求被试对所给刺激材料的声母、韵母、声调进行辨别，通过对两组被试正确率和反应时的分析，从正确率角度来看，阅读正常组的成绩要明显好于阅读障碍组。进一步统计分析显示，二者差异显著。从反应时角度来看，二者之间差异不显著。阅读障碍儿童在三种任务中，对韵母的辨认成绩最好，而对声调的辨认成绩最差。声调在汉语语音构成中起着至关重要的作用，也是汉语区别于拼音文字的特点之一。从儿童最初接触汉语语音开始，声调就会在潜移默化中被感知，待到学龄期再接受更为系统的声调知识的训练。实验发现阅读障碍儿童声调辨认成绩最差，可能预示着声调感知能力的受损是影响其在阅读过程中语音辨别的关键因素。能否对语音要素具有清楚的认识，涉及语音敏感性的问题，比如，对音素的辨认、音素顺序以及位置的判断，而语音的敏感性在阅读过程中起着不可忽视的作用。汉字不同于拼音文字，字形与语音之间不存在明显的对应关系，但在阅读过程中，语音辨别仍然起着至关重要的作用。儿童刚接触汉字的时候，尽管不能够及时地掌握和运用汉语拼音，但在日常的口语交流发展过程中，需要逐渐形成和领悟对拼音的敏感性认识。这样进入学龄期后，才容易在语音的发音同书面形式二者之间建立联系，进而学习拼读与发音规则，将语音、字形和语义三者联系起来，逐步发展阅读能力。

本研究再次证实阅读障碍儿童在语音加工方面存在缺陷，证明了语音意识缺陷在阅读障碍群体中是较为普遍的。因此，训练和提高阅读障碍儿童的语音意识能力可能会有效地克服他们在阅读过程中所遇到的困难。但汉语语音加工缺陷能否同拼音文字语音意识一样成为预测阅读困难的有效手段，仍有待未来更多的研究验证。

第二节　阅读障碍儿童的字形加工

正字法（orthography）加工可以被定义为形成、储存和获取正字符号的能力。Carioti 等（2021）的研究发现，阅读障碍水平可以通过正字法深度来调节。Katz 和 Frost（1992）提出正字法深度加工假设，该假设认为对于不同正字法深度的文字来说，阅读的加工过程也是不一样的。浅层正字法包含着语音因素，更容易支持文字辨别及加工，如意大利语；而深层正字法则要求读者根据文字的形态，即视觉正字法的结构去加工文字，如汉语。汉语是非拼音语言，汉字作为汉语的书写符号，以其独有的视觉上的复杂性而著称。拼音文字中的单词由字母组成，每个字母对应着一个语音；而汉字由笔画组成，笔画与语音之间并没有直接的对应性。汉字结构较为复杂，如左右结构，上下结构，包围结构，半包围结构。在拼音文字阅读障碍的研究中，语音缺陷理论得到了研究者们的认可。但是对于汉语阅读障碍的研究来说，从正字法角度深入探讨更符合汉字本身的加工特点，也是对阅读障碍理论解释有力的验证。因此，本节通过正字法加工的实验来探讨阅读障碍儿童的字形加工特点。

刘芳芳等人（2021）的研究发现正字法缺陷可能是产生阅读障碍的重要原因。从定义来看，正字法加工可以分离为多个方面。尤其是对正字法知识（orthographic knowledge）和正字法学习（orthographic learning）的区分，正字法知识是儿童对正字法表达的具体化储存，正字法学习是儿童形成这些表达的动态能力。这种划分比较合理，一方面，知识的储备存在个体差异；另一方面，个体之间能力也是有差异的。两种差异的结合导致正字法使用上的差距。那么，正字法加工的哪些方面在熟练阅读的获得中起作用？是否有一种独特的、可测量的正字法学习能力来促进单词阅读的发展？为了回答这些问题，本实验探讨了正字法知识、正字法学习和儿童单词阅读发展之间的关系。在实验中使用词汇和亚词汇数量来评估正字法知识，使用词汇水平表征来评估正字法学习。

一、被试筛选

从四所小学选取 125 名二年级和三年级学生，追踪一年，即到三年级和四年级。排除了不符合纳入标准的被试（发育障碍，N=5），或人口统计学数据不完整等的被试（N=8）。因此，最终样本包括 112 名被试，其中 56 名从二年级开始（22 名男性，34 名女性）追踪，56 名从三年级开始（29 名男性，27 名女性）追踪。

时间 1 为二年级和三年级的春天，时间 2 为三年级和四年级的春天。二年级和三年级的儿童在时间 1 分别为 7.91 岁（SD=0.29）和 9.03 岁（SD=0.35），在时间 2 分别为 8.90 岁（SD=0.28）和 10.01 岁（SD=0.35）。

二、方法和程序

本实验主要从纵向研究的两个时间点收集数据。时间 1 测试发生在接近二年级或三年级结束时，时间 2 测试发生在时间 1 之后大约 12 个月，接近三年级和四年级结束时。时间 1 和时间 2 各有两次测试，每次间隔 2 或 3 天。在时间 1 的第一部分评估词汇和亚词汇正字法知识、单词阅读效率、单词阅读准确性和不规则单词阅读，还进行了正字法学习任务，以及即时结果测量（拼写和正字法选择）；在时间 1 的第二部分，被试完成了正字法学习后的延迟正字法选择任务。时间 2 的两个会话任务与时间 1 中的任务相同，只是时间 2 在会话 2 中增加了非语言推理测试作为最终任务。语音意识的数据来自在此报告的时间 1 之前 6 个月的纵向研究中的一个测试点。所有测试都是被试在一个安静的房间里与一名研究人员一对一进行的。所有标准化的测量（即语音意识、单词阅读准确性、单词阅读效率和非语言推理）都是根据手动指令进行管理的。对于在两个时间点执行的任务，在每个时间点使用不同的表格，进行平行表格可用的测量（即单词识别和单词阅读效率测试的标准化测量），以及在对创建平行表格的能力有合理信心的情况下（即正字法学习）进行。具体的实验材料和程序如下：

（1）单词阅读准确性：使用伍德库克阅读掌握测验修订版的单词识别子测验来测量单词阅读的准确性。在这项任务中，被试被要求大声朗读越来越难的单词，来考查儿童单词阅读的准确性。

（2）单词阅读效率：使用单词阅读效率测试来进行单词阅读效率的测量。这是一个定时的单词阅读任务，被试有 45 秒的时间阅读单词列表。分数基于被试在这段时间内可以正确阅读的单词数量。

（3）不规则读词：使用卡斯尔斯和科尔特哈特测试 2 的一个项目子集来测量不规则单词阅读能力。被试被要求阅读一组 40 个不规则的单词，这些单词被单独呈现在提示卡上，并继续阅读，直到连续错误地阅读 5 个单词，测试结束。

（4）词汇正字法知识：给被试提供了一张包含谐音拼写的纸，其中一个是真词（例如，解释 — 揭释）。要求被试选择拼写正确的单词；没有提供发音。在时间 1 有 36 个项目，在时间 2 增加到总共 61 个。增加了额外的项目，以减少时间 2 的天花板效应的可能性。

（5）准词汇正字法知识：给被试呈现同音字非单词对或三元组。一些组对比合法拼写和非法拼写（如 screagh-scraie），另一些组对更频繁或更不频繁的拼写（如 waut-wuat）。包含后一组是为了增加任务难度。无论项目类型如何，都有一个正确的选项（基于合法性或频率）和 1~2 个与正确选项谐音的干扰项，没有提供发音。要求被试圈出看起来最像真实单词的非单词。时间 1 共有 42 个项目。为了确保被试不会达到上限，在时间 2 增加了 18 个项目，总共 60 个项目。

（6）远程学习：要求被试大声朗读 15 个故事；每个故事都包括一个非单词的四次重复。比如"The new word is Laif. The coldest town in the world is Laif. Laif is in Greenland. The people who live in Laif need very hot houses"。研究者在时间 1 测试中使用故事和非单词。每个故事都有一对同音字（例如，laif 和 lafe）；一半的被试看到了一个非单词，另一半看到了另一个非单词（例如，分别是 laif 和 lafe）。在时间 2，研究者创造了平行的非单词和故事。对于非单词，在时间 1 从项目中改变了一个或两个辅音，保留了目标拼写（例如，laif-lafe 被改变为 laip-lape）。此外，采用同样的方法来改变正字法选择任务的干扰项。这些故事通过改变语义内容进行了修改，但保留了句子结构、总词频（p=0.69）和字数。例如，"The coldest town in the world is Laif"这句话变成了"The fastest car in the world is a Fafe"。

（7）拼写学习：使用拼写和拼写选择任务来进行测量。以三个被试为一组阅读故事，并在每一组之后评估被试对小说单词的拼写。拼写以听写的形式进行评估，非单词口头提供给被试。在阅读完所有的故事后，被试完成了一项拼写学习选择任务，要求他们从一组四个非单词中选择他们在故事中阅读的非单词的拼写，没有提供发音。这四个非单词是他们阅读的非单词的两个同音异义词（如 laif 和 lafe）和两个视觉干扰词（如 laip 和 lape）。时间 1 和时间 2 的干扰物都是通过改变目标非单词中的辅音而产生的。对于目标非单词和干扰词，确保它们不是晦涩难懂的真实单词，且不包含长度少于四个字母的较小单词。2 天后，被试再次完成正字法选择任务。本实验提供了在被试出错或不能阅读目标单词情况下的正确发音。研究者们跟踪了儿童对非单词发音的准确性。

（8）语音意识：使用音系加工综合测试的省略测试进行测量。在这个任务中，被试听到一个单词，并被要求说出一旦该单词的一部分被消除后剩下的内容。

（9）非语言推理：使用韦施勒智力简表的矩阵子测试来进行测量。在这项任务中，被试会看到一个矩阵，其中缺少一个部分；被试必须从五个选项中选择出完成矩阵的图像。

三、结果

（一）验证性因素分析

为构建和比较多个潜在变量与验证性因素分析（CFA），研究者构建并比较了三个结构方程模型。图 3-1 显示了分别在时间 1 和时间 2 测试的理论因子模型。模型 1 测试了一个单因素解决方案，将单词阅读和正字法处理（正字法知识和正字法学习）的所有测量值都加载到一个因素中。模型 2 测试了一个双因素模型，其中一个潜在因素由单词阅读和拼写知识测量组成，另一个因素由拼写学习测量组成。模型 3 测试了一个三因素模型，其中潜在因素包括（a）单词阅读，（b）拼写知识，和（c）拼写学习测量。模型 2 和 3 中的潜在因素可以相互关联。模型之间的比较测试了正字法处理的测量（知识和学习）是否与单词阅读测量采用相同的结构，或者是作为独特的因素存在。

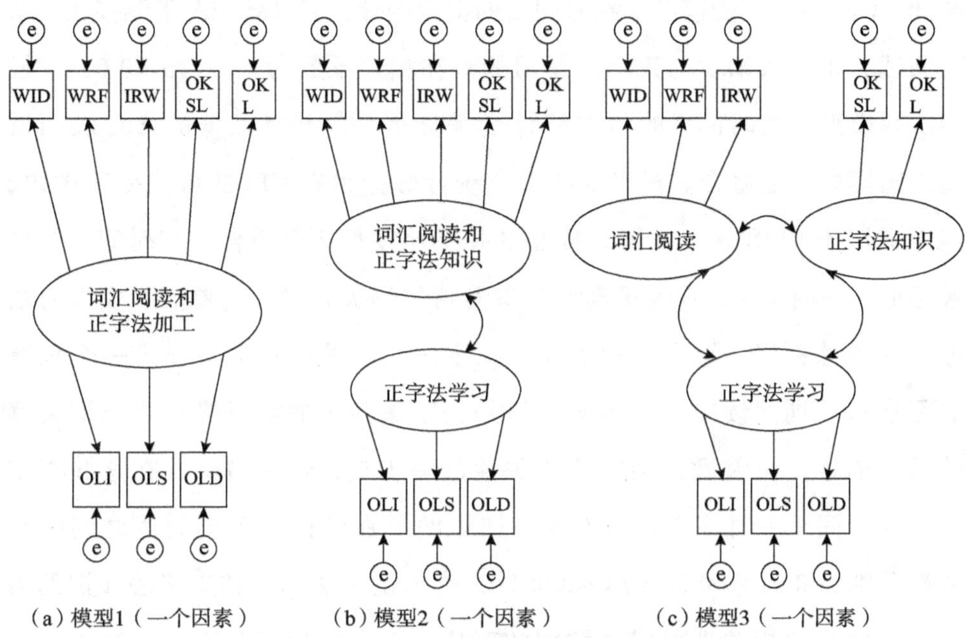

图 3-1 时间 1 和时间 2 测试的理论因子模型

首先，在时间 1 回顾模型中，时间 1 的模型 1 显示了对 CFI 的可接受拟合，以及对逼近的均方根误差（RMSEA）的差拟合统计。模型 2 在时间 1 的拟合统计值落入可接受范围。单词阅读 / 正字法知识的潜在因素与正字法学习的相关系数为 0.72，$p<0.001$。模型 1 和模型 2 在时间 1 的偏差统计量是显著的，并且较低的 Akaike 信息指数（AIC）表明模型 2 比模型 1 更适合。时间 1 的模型 3 也具有在可接受范围内的拟合统计。然而，模型 3 并没有明显好于模型 2，这表明，在这个样本中，正字法知识的测量与单词阅读测量高度一致。双因素模型是最简洁的解决方案，比单因素模型对数据的代表性更好。研究结果表明，正字法学习的测量应该作为一个独特的因素从时间 1 的单词阅读中分离出来，单词阅读应该与正字法知识一起考虑。

对于时间 2 的因子模型，模型 1 显示了 CFI 和 RMSEA 值的不良拟合统计。CFI 可以接受模型 2 在时间 2 的拟合统计，但 RMSEA 不能接受。单词阅读、正字法知识与正字法学习的潜在相关系数为 0.63，p <0.001。模型 1 和模型 2 在时间 2 的偏差统计量是显著的，并且较低的 AIC 表明模型 2 比模型 1 更适合。模型 3 的拟合统计数据也在 CFI 的可接受范围内，但不适用于 RMSEA。然而，模型 3 并不比模型 2 更适合。与时间 1 的结果相似，在时间 2，双因素模型是最简洁的解决方案，比单因素模型对数据的代表性更好。结果再次表明，正字法学习的测量应该作为一个独特的因素从单词阅读中分离出来，但是正字法知识的测量最适合单词阅读的潜在因素。三因素模型中的相关性进一步支持这一解释。在这些模型中，在时间 1 和时间 2 时，正字法知识的潜在结构和单词阅读之间的相关性分别为 0.91 和 0.86（ps <0.001），这与正字法学习和正字法知识的潜在结构之间的相关性形成了鲜明的对比，正字法学习和正字法知识的潜在结构在时间 1 和时间 2 分别为 0.68 和 0.58。图 3-1 显示了时间 1 和时间 2 的首选双因素模型。潜在因素解释的方差百分比在观察到的测量值上方以斜体显示。因子载荷和因子之间的相关性也显示在图 3-1 中。所有指标的因子负荷都很高，从 0.63~0.96 不等。因素之间的相关性也很大。在时间 1 和时间 2，单词阅读和正字法学习因子之间的相关性分别为 0.72 和 0.63。

（二）路径分析

为了理解单词阅读和正字法学习之间的纵向关系，我们构建了一个基线测量模型和一个正字法学习模型的三个变体。两个有代表性的理论模型如图 3-2 所示。

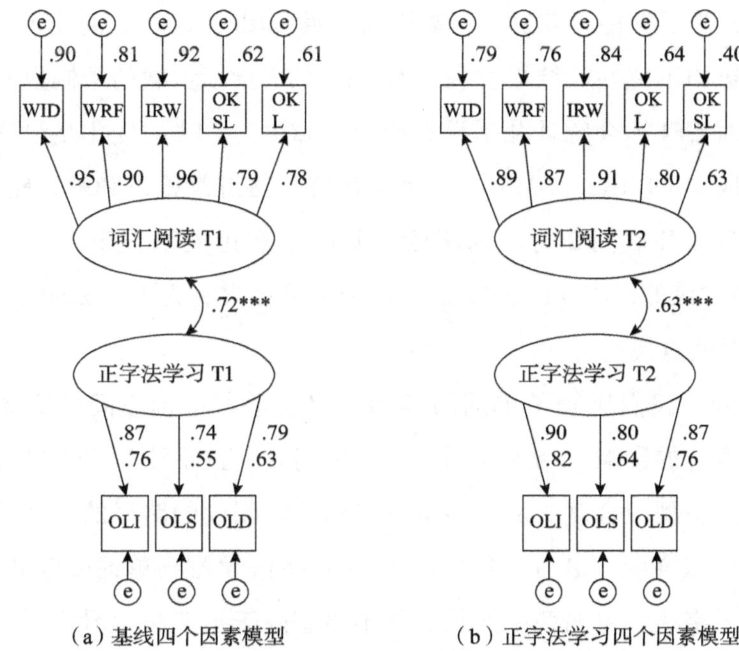

（a）基线四个因素模型　　（b）正字法学习四个因素模型

图 3-2　基线测量模型和一个正字法学习模型的三个变体

时间 1 和时间 2 因素模型用于构建基线测量模型。将语音意识、非语言推理和月份年龄的测量值作为控制变量，并且添加了这些变量与时间 1 的单词阅读和正字法学习的潜在因素之间的路径。此外，将控制变量设置为相互关联。从时间 1 到时间 2 的正字法学习，以及从时间 1 到时间 2 的单词阅读，添加了自回归路径。基线模型包括从正字法学习到单词阅读的相关误差方差。此外，添加了观察到的单词阅读和正字法测量的纵向剩余协方差。基线模型不包括从正字法学习到单词阅读的任何路径，反之亦然。对于正字法学习模型的变化，在随后的模型中，一次添加一个正字法学习和单词阅读之间的交叉滞后路径，并与基线模型进行比较，以确定特定路径中的一个或两个添加是否显著改善了模型拟合。具体来说，首先测试从时间 1 的单词阅读到时间 2 的正字法学习的路径，然后测试从时间 1 的正字法学习到时间 2 的单词阅读的路径，接着是具有两个交叉滞后路径的模型。最初，为了支持研究目的，本研究按照 Little（2013）的建议测试了基线模型的纵向不变性。结果发现，对 T1 和 T2 指标负载的限制以及相同测量的截距对 CFI 拟合统计几乎没有影响，0.01 的 CFI 的变化足以假设结构的不变性成立（Little，2013）。这使本研究能够继续检查和解释路径模型。然而，时间 1 和时间 2 的单词阅读之间的标准化关系大于 1。正如 Little（2013）所建议的，将 T1 和 T2 的单词阅读路径限制为 1，以创建一个可解释的两个时间点模型。

接下来，我们比较了单词阅读和正字法学习结构之间的交叉滞后路径对模型拟合的影响。结果表明，从单词阅读到正字法学习的路径的增加并没有提高模型拟合度。从正字法学习到单词阅读的路径的增加确实显著提高了模型拟合度。最后，包括从（a）正字法学习到单词阅读和（b）单词阅读到正字法学习的两个路径，并不显著好于正字法学习预测单词阅读的模型。因此，从正字法学习到单词阅读的正字法学习模式是最简约的模式，因此被保留为首选模式，并将在下面讨论。正交学习模型如图 3-3 所示。年龄和语音意识是时间 1 时单词阅读因素的重要预测因素。此外，年龄和语音意识与时间 1 的正字法学习因素显著相关。时间 1 与时间 2 单词阅读的关系为 0.91，$p<0.001$，时间 1 与时间 2 正字法学习的关系为 0.61，$p<0.001$。第 1 次单词阅读和正字法学习的误差方差显著相关（$\beta=0.60$，$p<0.001$）。最重要的是，在控制了单词阅读能力、语音意识、非语言推理和年龄之后，时间 1 的正字法学习是时间 2 的单词阅读的重要预测因素（$\beta=0.10$，$p<0.001$）。总的来说，在时间 1 和时间 2，25% 和 58% 的方差分别在正字法学习因子中得到解释。此外，在时间 1 和时间 2 的单词阅读因素中，分别有 44% 和 97% 的差异。参考 Ho（2002）的研究方法，我们在在线补充材料中报告了其他表格，这些表格报告了具有平均结构和标准误差的非标准化估计值。作为对结果的最后一次检查，我们评估了亚词汇正

字法知识任务中项目的性质是否影响结果。具体来说，这包括对比合法和非法拼写的项目，以及对比频繁和不频繁拼写的项目。后者不同于之前的几项研究。因此，我们省略了那些或多或少与频繁拼写相对应的项目，并重新进行了所有的分析。我们重新评估了因子和路径模型，修改后任务的因子负荷在时间 1 为 0.62，在时间 2 为 0.63。模型拟合和构造之间的所有关系保持不变。由于修改后的亚词汇任务对模型的影响很小，因此用所有原始项目来解释结果。

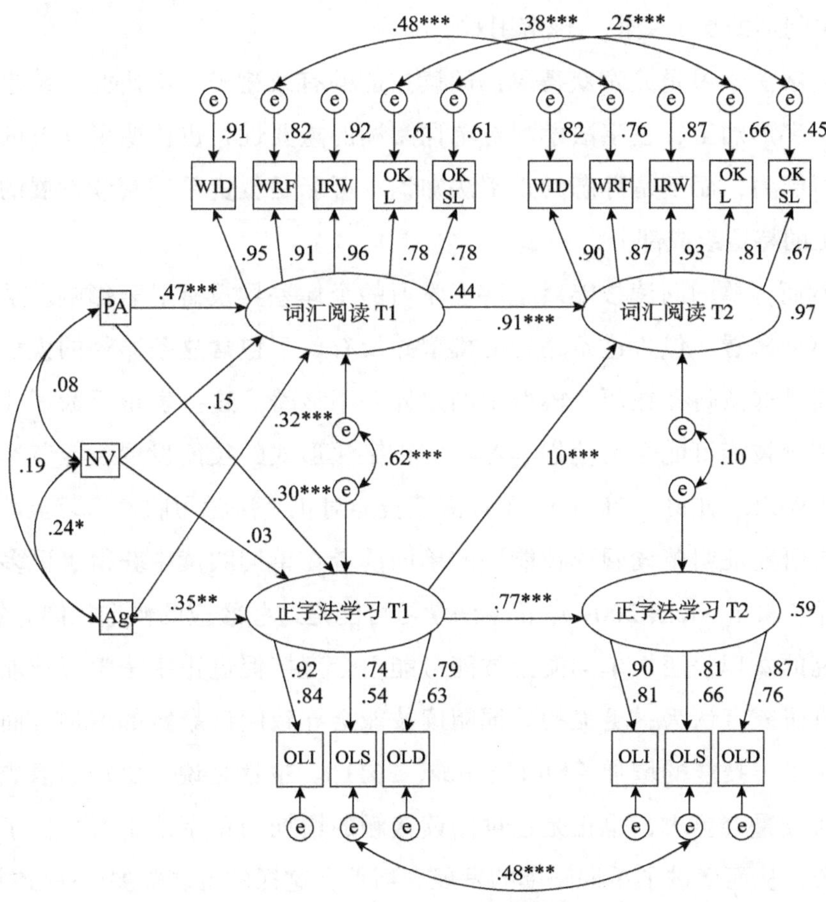

图 3-3 重新评估后的模型

四、讨论

本研究的结构方程模型揭示了正字法学习支持单词阅读的发展。在控制了时间 1 的单词阅读后，我们发现时间 1 的正字法学习与时间 2 的单词阅读显著相关，说明正字法学习决定了儿童在一年内准确阅读单词的进度。可见，正字法学习与阅读发展有密切关系，对字形的准确掌握可以促进阅读。词汇阅读是篇章阅读理解的基础，如果一句话中的每个词汇都顺利得到加工，整句话的加工就会更容易；一句话中，个别词汇加工困难就足以导致整句话的加工变慢、理解困难。

正字法学习是儿童获得单词阅读技能的有效途径。本研究的结果至少证明了字形加工、正字法学习对单词阅读的重要性，也证明了动态的正字法学习能力，而不是静态的正字法知识，可能是负责单词阅读发展的正字法加工的特定组成部分。

然而，单词阅读技能对正字法学习的个体差异没有显著影响。从结构方程模型来看，包含这条路径的模型并没有比不包含这条路径的模型更优越，而且这条路径在两个模型中的差异并不显著。这些发现反驳了儿童的单词阅读技能可能会为他们学习新的正字法形式的技能发展设定节奏这个说法（Wolter et al.，2011），单词阅读技能对正字法学习收益缺乏显著的贡献。有研究证明单词阅读技能好的单词读者在单词阅读中获得了更多的后续收益（Stanovich, 2009），正字法学习可能是这些效应的候选机制。然而，本研究的发现表明，单词阅读技能可能不会直接促进正字法学习技能的提高。有研究者认为，更强的单词阅读技能会导致阅读暴露的增加，而不是正字法学习技能的增加（Mol & Bus，2011）。也就是说，更加愿意去阅读的人阅读量会更大，也正是这种阅读接触的增加为正字法学习提供了更多的机会，从而促进了单词阅读的发展。当然，这样的推测需要进一步检验。

总之，本研究对正字法加工这一广泛结构的不同组成部分的可分性及其与单词阅读的关系提供了新的证据，证明了正字法学习的动态技能，而不是正字法知识的结晶体，可以从儿童的单词阅读中分离出来。正字法学习与单词阅读技能的发展有关，正如自我教学假说（Share，1995；2011）所提出的那样，儿童单词阅读的发展有一个独立的正字法成分。这种正字法学习成分可以通过动态正字法学习测量来获得，并且与英语儿童的小学单词阅读技能的发展有关。

在本研究将中，我们将正字法加工分离为正字法知识和正字法学习，通过结构方程模型和路径分析证明了是正字法学习，而非正字法知识促进了单词阅读的发展，单词阅读技能可能不会直接促进正字法学习技能提高。但考虑到被试群体的局限性，此结果的推广仍有待于进一步验证。本研究的结果给汉字的正字法加工研究提供了参考意义，在今后的研究中，也应考虑到正字法加工的不同成分。汉字与拼音文字不同，拼音文字由字母组成词，汉字是由笔画组成字。笔画是汉字书写时不间断地、一笔连续写成的线条，它是汉字的最小构成单位，可以分为基本笔画和派生笔画两大类。书写时，笔画的方向自始至终没有变化的称为基本笔画（平笔），笔画方向发生变化的称为派生笔画（折笔）。有 6 种基本笔画和 25 种派生笔画。6 种基本笔画分别为：点（丶）、横（一）、竖（丨）、撇（丿）、捺（㇏）、提（㇀）。统计标准码有 8 种基本笔画和 29 种复合笔画。认识笔画的形状、计算笔画数目是掌握笔画的基本过程。

第三节　阅读障碍儿童的语义加工

在信息交流中，人们使用的语言是不同的，中文说 kan，英文说 see，都是看的意思。口语表达在不同民族之间具有很大的差异性。为了更好地交流，个体要学习本民族的语言，与本民族的人进行交流与合作；如果想有更大的交流空间，与更广泛的群体交流，个体就要学习第二语言，甚至更多种类的语言。

不同民族使用不同的符号代表语言，形成了不同的文字系统。典型的有表音文字和表意文字。任何文字都具有形、音、义的属性，通过固定的字形代表特定的事物，并且与语音对应，同时传达特定的意义，这就是语言所蕴含的意义，即语义（semantic）。音、形的加工都是为了通达语义，语义加工是阅读的最终目的。阅读障碍儿童主要的问题也在语义理解方面。

一、被试

筛选标准及过程同第一节实验。

二、实验设计与实验材料

本实验采用 2（组别：阅读障碍组、阅读正常组）×3（年级：二、四、六）两因素混合实验设计。组别为被试间变量，年级为被试内变量。本实验从小学语文课本中选取双字词 60 个，组成 15 道测试题，每题包括一个目标词和三个选择词。在三个选择词中，只有一个词的意义与目标词相同或相近。例如，思考（思索、思念、思想），正确答案应为思索。因为在三个选择词中“思索”与“思考”的意思最相近。测试题随机呈现在屏幕上，被试进行按键，每道题最长呈现时间为 15 秒，按键则进入下一题。

三、实验仪器与过程

本实验由一台 PentiumIV2.8G 计算机控制，通过 E-prime 软件在 14 英寸彩色显示器上呈现实验材料。实验过程与本章第一节相同，区别在于，本实验采用词义辨别任务，即提示音后被试将看到一道测试题，包括一个目标词和三个选择词，在三个选择词中，只有一个词的意义与目标词相同或相近。请被试挑选出那个与目标词相同或相近的词。共 15 道测试题。

四、结果与分析

对词义辨别的正确率进行统计，结果见表 3-6。

表 3-6　对词义辨别的正确率

年级	组别	*M*	*SD*
二年级	阅读障碍	4.40	2.60
	阅读正常	6.33	1.75
四年级	阅读障碍	5.33	1.86
	阅读正常	8.67	1.03
六年级	阅读障碍	8.50	1.87
	阅读正常	9.00	0.89

可以看出，随着年级升高，阅读障碍组儿童的词义辨别成绩上升。与同年级相比，阅读障碍组成绩明显低于阅读正常组。进一步方差分析发现，年级主效应显著，$F(2, 29)=10.965$，$p<0.01$；组别主效应显著，$F(1, 29)=10.764$，$p<0.01$；二者交互作用不显著。对年级变量进行事后（LSD）检验，发现年级之间差异都达到显著，$ps<0.05$。对词义辨别的反应时进行统计，结果见表 3-7。

表 3-7　对词义辨别的反应时（s）

年级	组别	*M*	*SD*
二年级	阅读障碍	3.94	0.70
	阅读正常	5.09	1.14
四年级	阅读障碍	3.80	1.19
	阅读正常	3.95	0.80

续表

年级	组别	*M*	*SD*
六年级	阅读障碍	2.92	0.97
	阅读正常	3.34	0.82

可以看出，阅读障碍组与阅读正常组的反应时差异不大。年级之间反应时差异明显，随着年级升高，反应时缩短。进一步方差分析发现，年级的主效应显著，$F(2, 29)=5.942$，$p<0.01$；组别变量的主效应不显著；交互作用不显著。对年级变量的事后（LSD）检验发现，二年级与四年级的反应时差异显著，$p<0.01$。

五、讨论

本实验的目的是验证在汉语阅读过程中阅读障碍儿童的语义加工情况。在本研究中，实验要求两组被试对 15 组词语进行词义辨别，找出每组词中与目标词意义最相近的那个词。实验比较简单，研究发现，随着年级升高，阅读障碍组儿童的测验正确率呈逐渐上升趋势。与同年级相比，阅读障碍组成绩明显低于阅读正常组，二者之间差异显著。在阅读时间方面，阅读障碍组与阅读正常组反应时差异不显著。并且随着年级的升高，两组儿童的阅读速度都在提高，反应时都在逐渐缩短。阅读障碍儿童在语义加工方面确实存在缺陷，不能对语义进行细致的分析与比较。另外，Engelhardt 等人（2021）的研究发现，有阅读障碍的人也表现出语言预测障碍，语言预测障碍也反映出阅读障碍者在语义加工方面存在缺陷；Al-Azary 等人（2019）的研究发现，深度阅读障碍的特征是在口语阅读过程中产生语义错误，并且与具体词相比更难朗读抽象词。相较于阅读正常组儿童，阅读障碍组儿童在语义加工的任务中，正确率远远低于阅读正常组儿童，这也与我们的预期相符。原因可能是阅读障碍儿童存在视觉加工缺陷以及工作记忆方面的困难等。当然也可能因为被试的基础知识掌握不牢或被试没有认真完成任务等，这就需要我们在以后的阅读障碍儿童语义加工方面做更加深入的研究。

值得注意的是，阅读障碍组儿童的反应时要快于阅读正常组儿童的反应时。本实验假设阅读障碍儿童在语义加工方面存在缺陷，不但正确率方面表现较差，在针对呈现刺激进行判断的时间也应该延长。可是实验结果表明，阅读障碍组儿童的反应时却明显快于阅读正常组儿童的反应时，造成这种情况的原因是速度与准确性的权衡或是其他，值得我们在今后的工作中进一步深入探究。

本研究分别从音、形、义三个方面出发探究阅读障碍儿童的加工特点，也得到了与之对应的实验结论，即阅读障碍儿童在语音、正字法、语义加工方面均存在缺陷。但这三种缺陷对阅读障碍是怎样产生作用的？是共同作用还是各自作用？Rasamimanana 等（2020）的研究发现，语音任务中表现出的语音缺陷并没有阻碍阅读障碍学生学习新词的含义。照此观点，语音、正字法、语义三方面对阅读障碍独立起作用，不会互相影响。但此观点并不符合常识，在人们的认知里，一个有阅读障碍的人在语音、正字法、语义加工等方面或多或少都会存在一些问题。正如 Shareef 等（2019）在考察与执行功能、词汇和语音处理相关的语言流畅性时，发现阅读障碍组被试的语言流畅性受损。这又可以说明三者之间是互相关联、互相影响的。总的来说，本研究证实了阅读障碍儿童在语义加工方面存在缺陷，不能对语义进行细致的分析与比较。但是，如何训练和提高阅读障碍儿童的语义加工能力，还有待未来进行更深入的研究。

Chapter Ⅳ I 第四章

阅读障碍儿童的汉字注意广度

在视觉加工过程中，每次注视的信息有多有少，并且存在个体差异。也就是说，有的人一次注视的内容较多，有的人一次注视的内容较少。如果不影响信息加工效率，也就不会影响个体的身心健康。但是如果因为每次注视内容太少，注意的范围没有那么广阔，视觉信息加工效率受到影响，就会发展成一种问题。这种视觉注意范围或视觉注意广度存在的问题被称为视觉注意广度缺陷（visual attention span deficit）（Bosse et al.，2007）。视觉注意广度缺陷可能是导致阅读障碍的原因之一。

视觉注意广度缺陷假说最初被定义为处理多元素视觉显示中同时并行呈现的多个元素的能力，其理论基础是 Ans 等（1998）提出的多音节词阅读的连接主义多痕迹记忆模型。该模型假定阅读依赖于两种类型的阅读过程，即全局阅读和分析阅读。这两种阅读过程的不同之处在于视觉注意窗口的大小。视觉注意广度越大，人们就会将注意力扩展到整个输入序列，并采用全局阅读模式；而在分析模式阅读时，视觉注意广度会缩小，将注意力依次集中在输入的不同部分。Ans 等人（1998）证明，视觉注意力持续时间的缩短会导致严重的阅读困难。Bosse 等人（2007）采用整体报告任务和部分报告任务对法语和英语发展性阅读障碍儿童的视觉注意广度缺陷进行了测试，结果显示视觉注意广度缺陷占法语阅读障碍儿童的 44% 和英语阅读障碍儿童的 23.1%，均独立于语音缺陷儿童。因此，视觉注意广度缺陷可以解释大量没有语音缺陷的阅读障碍病例（Cheng 等，2021）。

评估视觉注意广度的任务主要有：字母报告任务、变化觉察任务和符号分类任务（Peyrin et al., 2011）。字母报告任务是通过短暂呈现字母矩阵，要求被试按要求回忆看到过的内容，以考察视觉信息的短时存储过程。通过回忆量来评估视觉注意广度有一定的合理性，但是回忆量也与记忆能力有关。变化觉察任务是连续呈现刺激画面，在刺激以不同的速度变化位置的过程中，有个别刺激被替换，被试的任务是尽快地发现并报告替换刺激是什么，其中刺激的数量逐渐增加。符号分类任务是对呈现的符号按一定标准进行分类，以判断儿童视觉注意的敏感性。由于汉语阅读障碍儿童的视觉注意广度可能受到汉字复杂度的影响，因此，根据变化觉察任务的定义，本章主要基于整体再认和部分再认两种汉字复杂程度条件，探究汉语阅读障碍儿童的视觉注意广度。

第一节　整体再认条件阅读障碍儿童的视觉注意广度

阅读障碍与视觉注意广度缺陷有密切关系，Pammer 等人（2004）设计了变化觉察任务，对阅读障碍组被试和年龄匹配组被试的视觉注意广度进行评估。研究发现，处于小学阶段的汉语阅读障碍儿童加工非言语刺激时的视觉注意广度明显小于正常儿童，从而表现出视觉注意广度缺陷。不同复杂程度的字符需要分配不同的注意资源，本节将通过实验来探究阅读障碍儿童在整体再认条件下的视觉注意广度特征。

一、被试

从某小学五、六年级学生中筛选被试共 178 人。所有学生视力或矫正视力正常，均接受瑞文标准推理测验和中文识字量测验。瑞文标准推理测验是一种测量非言语智力的标准化测验（张厚粲，王晓平，1989）。根据瑞文标准推理测验的成绩，排除智力水平在 50% 以下（相对于常模的百分等级）的儿童。识字量测验为王孝玲（1996）编制的用于测查小学生识字量的标准化测验。根据测验结果，筛选出中文识字量在该年级平均水平 1.5 个标准差以下的儿童作为阅读障碍组被试。另外，使用 DSM-IV 的注意力缺陷与多动障碍（ADHD）筛查量表，请教师对儿童的注意功能进行评定，以排除患有注意缺陷多动障碍的儿童。对阅读障碍组被试的家庭经济状况、父母受教育程度以及职业等进行调查，排除由于特殊的家庭环境因素导致学习困难的儿童。最终共 15 名儿童（男 11 人，女 4 人）进入阅读障碍组，筛选率为 8.4%。选择年龄相同的 15 名阅读正常儿童作为年龄匹配组。所有参与实验儿童的家长均出具了签字的知情同意书。实验结束后，参与实验的儿童会得到一份礼物。被试筛选结果见表 4-1。

表 4-1　阅读障碍组和年龄匹配组被试筛选结果（$M \pm SD$）

类别	阅读障碍组	年龄匹配组	t	p
被试人数	15	15		
年龄	11.04 ± 0.73	11.05 ± 0.64	0.04	0.969
识字量	2507.57 ± 369.92	3302.71 ± 91.16	8.08	0.000
瑞文推理测验	50.1 ± 7.38	53.5 ± 6.12	1.37	0.180

二、实验设计与实验材料

采用 2（组别）×2（材料复杂度）的两因素混合实验设计，被试间变量为组别（阅读障碍组，年龄匹配组）。被试内变量为材料复杂度（简单，复杂）。因变量为被试做出反应的正确率和对目标刺激的辨别力。

本实验的实验材料为汉字，选自《现代汉语频率词典》（1986）。所选用汉字的词频均在 1450/ 百万以上。所选汉字之间不存在语义联系，或者发音相同。最后我们选出 3 画的汉字共 10 个作为简单刺激，包含：也，上，大，么，已，于，义，子，才，之；以及 9 画的汉字共 10 个作为复杂刺激，包含：亲，是，前，要，看，种，说，给，很，战。在刺激呈现时，会随机出现由 5 个简单刺激或 5 个复杂刺激组成的一组汉字串。每组汉字串内不会出现重复汉字。每个汉字被使用 15 次，在每个位置出现 3 次。

三、实验程序

实验材料通过 E-prime 2.0 软件呈现在白色屏幕上，屏幕尺寸为 19.2cm × 30.5cm，屏幕分辨率为 1280 × 720，刷新率为 60Hz。每个被试接受独立测试，屏幕中心点距离眼睛 60cm。符号的视角大小为 0.8° × 0.8°，相邻字符间隔为 0.6°。

实验开始，首先呈现指导语。指导语如下："欢迎参加本次实验！实验首先在屏幕中央出现黑色'＋'，请您注视'＋'。'＋'消失后，屏幕上会呈现五个汉字，请您认真观看。汉字消失后，会在屏幕中央呈现两组汉字，请判断哪一组与刚才看到的汉字串完全一致。并按 up 键或 down 键来进行选择。注意，up 键代表位于上方的选项，down 键代表位于下方的选项。明白本实验的任务要求后，按空格键开始实验。"

前 15 个试次为练习试次，提供反馈且不计入统计结果。练习之后为正式实验试次，共包括 60 个试次，且无反馈。每个试次开始，屏幕中间呈现一个 500ms 的注视点（视角 1°），并跟随一个 200ms 的空屏。随后，在屏幕中间呈现一组由五个汉字组成的汉字串，呈现时间为 300ms。再间隔一个 200ms 的空屏后，屏幕上出现反应界面。反应界面会提供两个选项，其中一个是与呈现刺激完全相同的一组汉字串，另一个是随机替换了呈现刺激中的一个汉字而生成的新汉字串。两个选项中，正确选项的位置随机出现在屏幕上方或下方。要求被试通过按键的方式选出刺激呈现时看到的汉字串。被试在反应阶段没有时间限制。反应完成后，间隔 1000ms 进行下一试次，直到实验结束。每个试次的流程如图 4-1 所示。

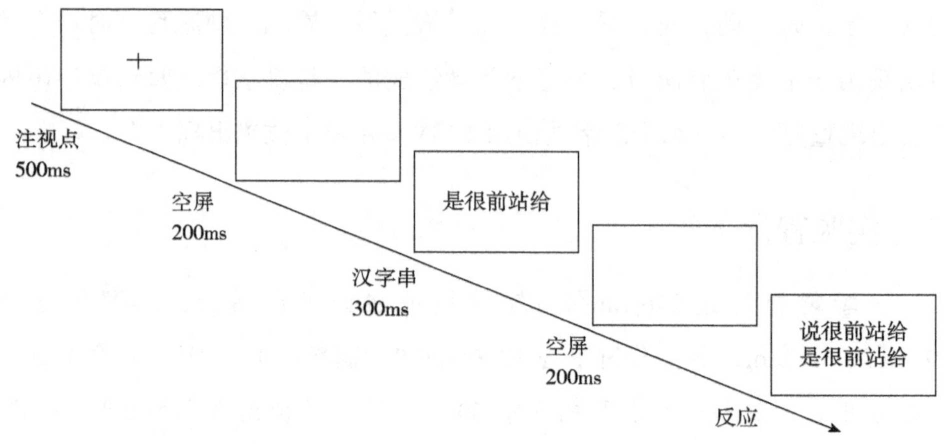

图 4-1 每个试次的流程

四、结果与分析

统计了两组被试在每个实验条件下的反应正确率（做出正确反应的比例）。根据被试的任务反应计算出 d' 值（对目标刺激的辨别力），以评估被试对汉字串的敏感性。d' 值为 0 反映的是在机会水平上的表现（正确率为 50%）。在不同实验条件下的观察结果如表 4-2 和图 4-2 所示。

表 4-2 被试的反应正确率和 d' 值的平均数（$M \pm SD$）

类别	实验条件	阅读障碍组（N=15）	年龄匹配组（N=15）	t	p
正确率	简单	59% ± 8%	69% ± 6%	3.68	0.001
	复杂	63% ± 9%	79% ± 8%	4.95	0.000
d' 值	简单	0.41 ± 0.38	1.04 ± 0.43	4.32	0.000
	复杂	0.73 ± 0.55	1.88 ± 0.72	4.91	0.000

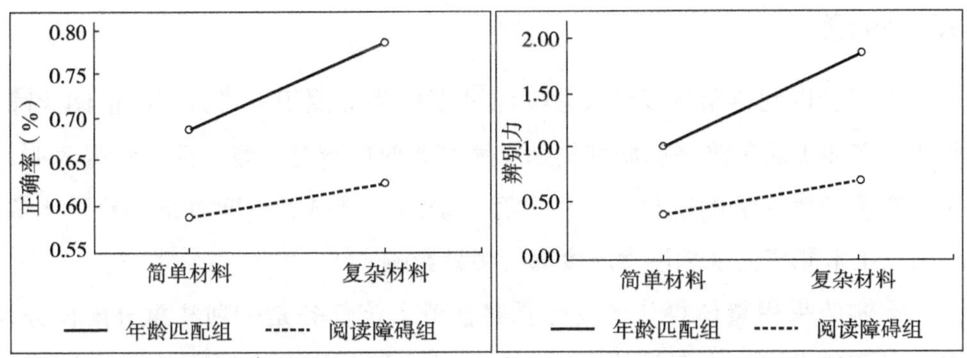

图 4-2　整体再认条件下，被试对两种复杂度汉字串的反应正确率和辨别力

对正确率进行组别 × 复杂度两因素混合设计的方差分析，组别为被试间变量，复杂度为被试内变量。结果显示，组别的主效应显著，$F(1, 28)=33.12$，$p<0.01$，$\eta_p^2=0.51$，阅读障碍组被试比同年龄匹配组的任务成绩低。复杂度的主效应显著，$F(1, 28)=12.93$，$p=0.001$，$\eta_p^2=0.15$，被试在加工复杂的汉字符号时比简单符号表现得好。组别和复杂度的交互作用不显著，$F(1, 28)=2.53$，$p=0.12$。

对 d' 值进行组别 × 复杂度两因素混合设计的方差分析。结果显示，组别的主效应显著，$F(1, 28)=31.08$，$p<0.01$，$\eta_p^2=0.51$；复杂度的主效应显著，$F(1, 28)=26.93$，$p<0.01$，$\eta_p^2=0.23$，且两组被试对复杂汉字串的辨别力高于简单汉字串。两因素的交互作用显著，$F(1, 28)=5.12$，$p=0.032$，$\eta_p^2=0.04$。进一步的简单效应分析显示，年龄匹配组被试对复杂汉字串敏感性与简单汉字串之间存在显著差异，$F(1, 28)=27.76$，$p<0.01$；阅读障碍组被试对复杂汉字串的敏感性与简单汉字串之间也有显著差异，$F(1, 28)=4.29$，$p=0.048$。尽管组别和材料复杂度存在交互作用，但对结果变异的解释力很小。

五、讨论

本实验以同年龄的汉语阅读正常儿童作为对照组，考察了汉语阅读障碍儿童在加工简单汉字刺激和复杂汉字刺激时的视觉注意广度。结果表明，汉语阅读障碍儿童的视觉注意广度存在缺陷；材料复杂度对阅读障碍儿童和阅读正常儿童的视觉注意广度都有明显影响。

本实验采用整体再认的变化觉察任务。该任务是一项注意分配任务，它可以评估出在一次短暂的视觉呈现中平行提取信息的数量。实验结果显示，当加工由简单汉字组成的汉字串时，阅读障碍组被试进行再认的正确率明显低于年龄匹配组被试；当加工由复杂汉字组成的汉字串时，阅读障碍组被试进行再认的正确率也低于年龄匹配组被试。这表明汉语阅读障碍儿童在加工汉字时的视觉注意广度明显比同年龄对照组差。并且，阅读障碍组被试对于简单汉字串的辨别力明显弱于年龄匹配组被试；阅读障碍组被试对于复杂汉字串的辨别力也要弱于年龄匹配组被试。这表明汉语阅读障碍儿童对汉字串的敏感性也比阅读正常儿童差。以上研究结果与视觉注意广度缺陷假说的观点相一致，汉语阅读障碍儿童存在视觉注意广度缺陷。刘涵隆和赵婧（2018）的研究考察了汉语阅读障碍儿童加工非言语刺激时的视觉注意广度。非言语刺激是对于被试而言完全陌生的一组符号，它不会激活言语认知加工过程，能够避免阅读障碍儿童由于言语加工能力受损而影响视觉注意广度的大小。此研究结果也支持阅读障碍儿童存在视觉注意广度缺陷。

同时，本实验结果还表明，阅读障碍组被试加工复杂汉字串时的再认正确率比加工简单汉字串时更高；年龄匹配组被试加工复杂汉字串时的再认正确率也比加工简单汉字串时更高。因此，材料复杂度对汉语阅读障碍儿童和阅读正常儿童的视觉注意广度都有影响。阅读障碍组被试对复杂汉字串的辨别力比简单汉字串高；年龄匹配组被试对复杂汉字串的辨别力也比简单汉字串高。结果表明，汉语阅读障碍儿童和正常儿童对汉字串的敏感性受到材料复杂度的调节，且儿童对于复杂汉字串的敏感性高于简单汉字串。Bundesen（1990）提出的视觉注意加工理论（theory of visual attention processing）认为，视觉注意平行加工能够处理的元素数量取决于两个因素：单个元素的基础感知率（当一个符号单独呈现时的加工程度）和相对的注意权重（元素竞争的程度）。Pelli 等人（2006）发现复杂度不同的字符识别需要分配的注意资源往往也不同，相应地，单个元素的基础感知率也会存在差异。因而，材料复杂度对视觉注意广度存在影响。

综上，本实验考察了汉语发展性阅读障碍儿童同时加工多个汉字的视觉注意广度。在实验中要求被试对呈现的汉字串进行记忆，并判断与后面呈现的汉字串是否一致。实验操纵了材料的复杂度，区分了简单汉字材料和复杂汉字材料，以探讨材料复杂度对视觉注意广度的调节作用。实验结果显示，阅读障碍组被试的视觉注意广度明显比阅读正常组被试更小。这表明，汉语阅读障碍儿童存在视觉注意广度缺陷，反映出阅读障碍儿童同时加工多个视觉元素的能力受损。另外，材料复杂度可能不会对儿童的视觉平行加工能力产生影响。这意味着选取汉字作为实验材料考察汉语阅读障碍儿童的视觉注意广度特征，汉字材料复杂度的差异对实验结果的显著影响没有得到证明。以往研究发现，阅读障碍组被试对汉字串进行整体加工时，表现出视觉注意广度缺陷。当把工作记忆广度作为协变量加以控制后，协方差分析的结果显示阅读障碍被试与阅读正常被试在整体报告任务中的差异也消失了。因此，米晓丽（2016）认为汉语阅读障碍儿童只能同时加工较少的视觉元素是工作记忆广度受损的结果。阅读障碍儿童存在工作记忆广度缺陷（谭珂等，2018），可能导致他们无法抑制无关信息干扰并选择注意的对象（Shipstead et al.，2012）。最终，他们能够同时加工的汉字数量远少于阅读正常儿童。

第二节 部分再认条件阅读障碍儿童的视觉注意广度

一、被试

被试筛选标准与过程同本章第一节实验。

二、实验设计与实验材料

本实验采用 2（组别）×2（复杂度）两因素混合实验设计，被试间变量为组别（阅读障碍组，年龄匹配组），被试内变量为材料复杂度（简单，复杂），因变量为被试反应的正确率和对目标刺激的辨别力。

实验材料同本章第一节的实验。

三、实验程序

部分再认实验任务的实验程序与本章第一节的实验基本相同。屏幕中间呈现一个 500ms 的注视点（视角 1°）表示每个试次的开始，并跟随一个 200ms 的空屏。随后，在屏幕中间呈现一组由 5 个汉字组成的汉字串，呈现时间为 300ms。再间隔一个 200ms 的空屏后，屏幕上出现反应界面。反应界面的中间会出现 5 个掩蔽符号，它们与刺激出现的位置相同。在其中一个掩蔽符号的上方和下方分别显示探测汉字，探测位置随机出现。要求被试通过上或下的按键选出刚才在相同位置呈现的汉字。每个试次的流程如图 4-3 所示。

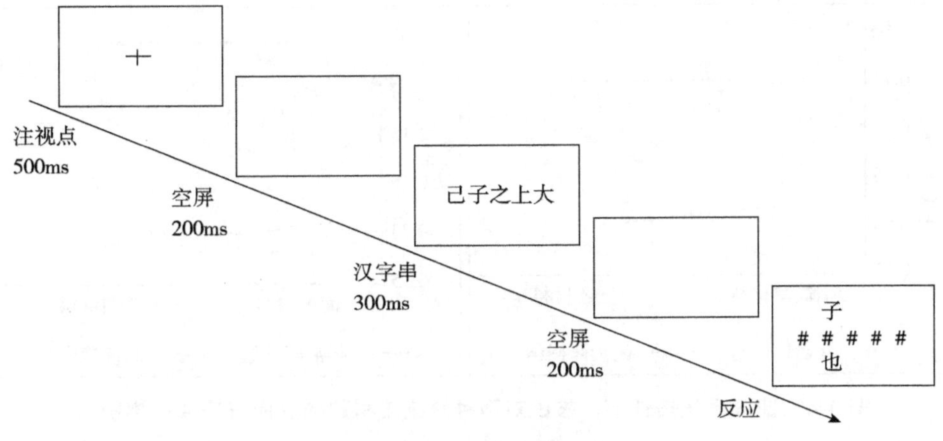

图 4-3　每个试次的流程

四、结果分析

与第一节的实验相同，被试在简单和复杂两个条件下的反应正确率被计算出来。并根据被试的任务反应计算出 d' 值。实验结果被呈现在表 4-3 和图 4-4 中。表 4-3 是被试在不同实验条件下观察到的正确率和 d' 值。图 4-4 呈现了两组被试在部分再认条件下的任务表现。

表 4-3　被试的反应正确率和 d' 值（$M \pm SD$）

类别	实验条件	阅读障碍组（N=15）	年龄匹配组（N=15）	t	p
正确率	简单	62% ± 12%	75% ± 9%	3.43	0.002
	复杂	60% ± 11%	75% ± 11%	3.67	0.001
d' 值	简单	0.78 ± 0.55	1.53 ± 0.71	3.23	0.003
	复杂	0.71 ± 0.54	1.53 ± 0.77	3.37	0.002

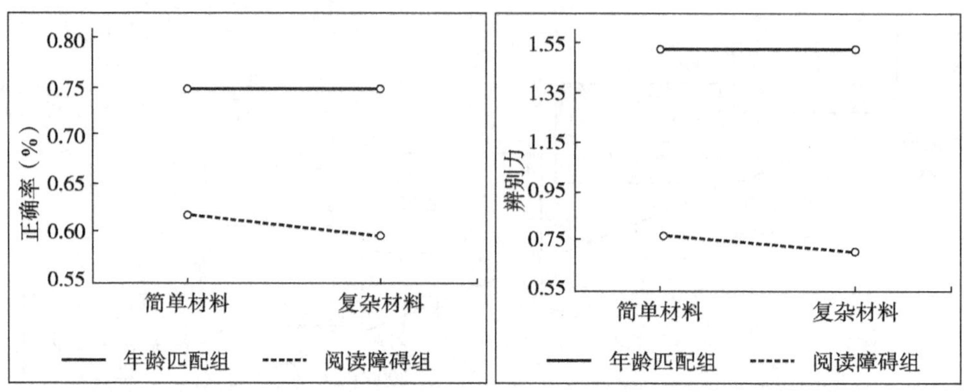

图 4-4 部分再认条件下，被试对两种复杂度材料的反应正确率和辨别力

与第一节的实验相同，采用方差分析比较了两组被试在不同材料复杂度条件下的反应正确率，方差分析结果显示，组别的主效应显著，$F(1, 28)=33.12$，$p<0.01$，$\eta_p^2=0.51$。复杂度的主效应不显著，$F(1, 28)=0.22$，$p=0.64$，组别和复杂度的交互作用不显著 $F(1, 28)=0.14$，$p=0.71$。

对 d' 值进行组别 × 复杂度两因素混合设计方差分析。方差齐性检验的结果显示方差分析结果显示，组别的主效应显著，$F(1, 28)=16.74$，$p<0.01$，$\eta_p^2=0.52$。复杂度的主效应不显著，$F(1, 28)=0.08$，$p=0.78$。两者的交互作用显著，$F(1, 28)=0.07$，$p=0.80$。

五、讨论

本实验控制了工作记忆广度的作用，并进一步考察了阅读障碍儿童的视觉注意广度。结果验证了第一节实验的发现，即汉语阅读障碍儿童存在视觉注意广度缺陷。排除了工作记忆广度受损可能带来的影响后，阅读障碍儿童和阅读正常儿童的视觉注意广度几乎不受材料复杂度的影响。本实验的任务是在第一节实验的基础上，在任务反应阶段只要求被试对某一个位置的汉字进行再认，从而控制了工作记忆广度的作用。实验结果显示，当加工简单汉字串时，阅读障碍组被试进行再认的正确率明显低于年龄匹配组；当加工复杂汉字串时，阅读障碍组被试进行再认的正确率也低于年龄匹配组。且阅读障碍组被试对于简单汉字串的辨别力明显弱于年龄匹配组被试；阅读障碍组被试对于复杂汉字串的辨别力也要弱于年龄匹配组被试。以上结果表明，汉语阅读障碍儿童存在视觉注意广度缺陷，且工作记忆广度缺陷并不是导致阅读障碍儿童表现出视觉注意广度缺陷的主要原因。

实验结果还显示，阅读障碍组被试再认简单汉字串时的反应正确率与加工复杂汉字串相比没有明显差异；年龄匹配组被试再认简单汉字串时的反应正确率与加工复杂汉字串相比也没有明显差异。该结果表明，材料复杂度对汉语阅读障碍儿童和阅读正常儿童的视觉注意广度技能都没有影响。阅读障碍组被试对复杂汉字串的辨别力与简单汉字串相比无明显差异；年龄匹配组被试对复杂汉字串的辨别力与简单汉字串相比也无明显差异。结果表明，汉语阅读障碍儿童和阅读正常儿童对汉字串的敏感性与材料复杂度无关。因此，本实验证明，儿童在部分再认的视觉注意广度任务中的表现与材料复杂度无关。

六、结合整体与部分再认看阅读障碍儿童的视觉注意广度

本实验采用高频汉字作为任务刺激，对汉语阅读障碍儿童的视觉注意广度进行考察，结果表明汉语阅读障碍儿童存在视觉注意广度缺陷。在使用非言语材料的视觉注意广度任务中，阅读障碍儿童也被发现具有同样的缺陷。Zhao 等（2018）采用 visual 1-back 任务测量了小学低、中、高三个年级汉语阅读障碍儿童的视觉注意广度。实验材料是伪字母符号，这对于被试来说是完全陌生的。被试要完成一个视觉再认任务并按键做出反应。实验程序是一个纯视觉的加工任务，不依赖言语认知的激活。结果显示，小学高年级阅读障碍儿童的视觉注意广度比同龄阅读正常组小。研究进一步探讨了同时加工多个言语刺激时的视觉注意广度。结果显示，阅读障碍

儿童能够同时加工的汉字同样少于阅读正常组被试。一般而言，阅读正常者的视觉注意广度大小与语言特性是相适应的（Pelli et al.，2006）。因此，视觉注意广度缺陷使阅读障碍儿童不能像阅读正常组被试一样提取文字信息，直接导致了阅读困难。这为视觉注意广度缺陷与阅读障碍之间的联系提供了直接证据。

有研究表明，阅读障碍儿童只有在加工较复杂的视觉对象时，才会表现出视觉加工缺陷（林欧等，2013）。当视觉注意广度任务中的刺激材料复杂度过于简单时，结果很可能是阅读障碍儿童的视觉注意广度与阅读正常儿童没有明显差异。但本研究发现，在加工简单汉字串和复杂汉字串时，汉语阅读障碍儿童同时加工多个汉字的任务表现都比阅读正常儿童差。这表明阅读障碍儿童的视觉注意广度没有体现出受到视觉元素复杂度的影响。以往研究也发现，材料复杂度不会影响个体对汉字识别的能力。林汝昌和李曼珏（1998）的研究给被试短暂呈现一张包含6个汉字的卡片，然后让被试在一个汉字表中进行再认。实验对汉字的复杂度加以操纵。结果显示，汉字的复杂度对汉语读者的识别正确率影响很小。这可能是由汉字所特有的图形属性所决定的。在第一节中的实验我们已经观察到阅读障碍儿童的视觉注意广度缺陷；在第二节的实验，我们再次观察到阅读障碍儿童存在视觉注意广度缺陷。部分再认任务要求被试对汉字串中的单个字进行再认并做出反应。在这个过程中，被试只需要在工作记忆系统中维持一个正字法信息单元，其任务表现受到工作记忆广度的影响程度被降到最低。因此，阅读障碍儿童平行加工多个视觉元素的数量减少很可能不是工作记忆广度受损导致的，反映了他们的视觉平行加工能力受损，存在视觉注意广度缺陷。视觉模拟理论（theory of visual simulation）认为，阅读障碍的缺陷是由于一个简短的视觉显示中可并行处理的元素数量严重有限（Bosse et al.，2007）。有两种刺激被广泛选用来测量视觉注意广度：语言刺激（如字母、数字串）和非语言刺激（如彩色点、符号串）。研究者使用不同的刺激物和不同的语言进行了一系列的研究，发现视觉注意广度缺陷可能是某些阅读障碍病例的主要原因（Bosse et al.，2007；Valdois et al.，2021）。Ziegler等人（2010）发现，阅读障碍儿童在字母和数字字符串的视觉注意广度测试中存在明显缺陷，但在符号字符串的视觉注意广度测试中没有。在汉语阅读障碍者中也发现了类似的视觉注意广度缺陷，表明视觉—语音映射障碍可能是阅读障碍视觉注意广度缺陷的原因（Cheng et al.，2021）。

在汉语阅读发展的早期阶段，初级读者主要通过拼音来学习汉语。拼音用罗马字母来表达汉语口语，在缩小汉语口语和书面语之间的差距方面起着特殊的作用。随着阅读经验的增加，汉字的视觉形式与对应意义之间的直接联系将会逐步建立起来，拼音在阅读过程中的应用将会逐渐减少。也就是说，在汉语阅读发展的早期阶段（即通过拼音的中介），汉语阅读障碍者的视觉体验与汉字整体视觉形式和整体音节之间的映射关系密切，这是由于视觉空间注意在创造口语刺激的视觉图像中起着至关重要的作用（Zhao et al.，2018）。对具有深度正字法的字母语言的相关研究结果表明，视觉注意力持续时间似乎对12岁儿童的阅读技能贡献更大。随着汉语阅读体验的增强，汉语阅读经历了从依赖拼音作为中介的逐字拼写阅读策略到依赖视觉形式到相关语义的直接映射的发展过程，并具有完整的词汇路径（Zhao et al.，2017）。由于视觉注意广度已被认为对整体策略和视觉语义加工具有更显著的影响，因此可以认为，与阅读发展的早期阶段相比，视觉注意广度技能对高年级阅读过程的要求可能更高。相应地，阅读障碍者与同龄正常阅读者之间的视觉注意广度差异在高年级阅读者中可能比初级阅读者表现得更明显。与来自小学低年级和中年级的阅读障碍儿童相比，高年级阅读障碍儿童中视觉注意广度受损的比例更高。基于相关分析和回归分析的结果表明，中、高年级阅读障碍儿童的视觉注意广度障碍可能会直接影响汉语阅读（尤其是单字水平），如中央凹观看时对多个汉字视觉形式的快速全局处理。此外，这种视觉功能障碍可能会阻碍语素意识（即视觉—

语义映射），进而影响汉语阅读。根据中国阅读障碍儿童视觉注意广度的发展规律，有必要探讨阅读障碍儿童视觉注意广度的缺陷是一种非典型发展，还是仅仅因为其发展落后于同龄正常阅读儿童（Zhao et al., 2018）。

本研究选取了两种复杂度不同的汉字刺激，以考察阅读障碍儿童在加工不同复杂度汉字时的视觉注意广度。加工简单刺激和复杂刺激时的视觉注意广度任务成绩都表明阅读障碍儿童存在视觉注意广度缺陷。因此，汉语阅读障碍儿童的视觉注意广度不会因阅读材料复杂度的改变而变化，也就是说不会因为阅读障碍儿童加工的汉字更简单就不受视觉注意广度影响。以往研究也发现，材料复杂度不会影响汉字识别的准确性。林汝昌和李曼珏（1998）的研究给被试短暂呈现一张包含 6 个汉字的卡片，然后让被试在一个汉字表中进行再认。实验共设计了 15 张汉字卡片，并对汉字的复杂度加以操纵。结果显示，汉字的复杂度对汉语读者的识别正确率影响很小。这可能是由于汉字所特有的图形属性所决定的。此外，我们还发现在实验一中，材料复杂度对阅读障碍儿童和正常儿童的视觉注意广度都有明显影响，而在控制了工作记忆广度的作用之后，材料复杂度对阅读障碍儿童和正常儿童的影响几乎不存在了。该结果可能意味着材料复杂度对工作记忆信息提取阶段有更重要的作用，而对于视觉注意广度任务的早期加工阶段，也就是视觉平行加工阶段的作用很小。

本实验结果对教学工作有重要意义，为提高小学阅读障碍儿童的阅读能力提供了一条切实可行的新途径。在实际教学过程中，经常存在一部分智力正常学生的阅读水平明显比其他学生差的情况，他们认字、记字困难重重，不能准确理解文字传达的意义。阅读正常者很难理解这些困难，导致教师经常会把这些问题归因于学生学习不认真或不努力。而实际上，这些儿童可能在用尽一切办法避免这样的情况发生，他们的某些认知能力存在缺陷，只有通过专业的心理训练才能提高其阅读水平。本研究发现，小学高年级汉语阅读障碍儿童的视觉注意广度存在缺陷，较小的视觉注意广度可能会减少能够同时识别的汉字数量，因而妨碍了正常的词汇理解。以往研究表明，从视觉注意广度技能训练的角度着手，对阅读障碍儿童加以干预能有效提高其阅读成绩（Franceschini et al.，2012）。注意力的动作游戏训练（AVG）是其中最具代表性的干预方法，因其成本低、可操作性高以及干预效果良好而受到了很多教育工作者的认可。因此，除了建议教师要对阅读障碍学生给予更多的关注外，还应该对存在视觉注意广度缺陷的学生进行科学的、有针对性的训练，通过扩大他们的视觉注意广度提高他们的阅读水平。

Chapter Ⅴ | 第五章

阅读障碍儿童的视觉搜索及视动整合能力

第一节 阅读障碍与视觉空间注意

一、视觉空间注意对阅读的影响

阅读始于对文字的视觉加工，文字的视觉信息经过皮层下的视觉通路传递到视觉皮层，随后传导至高级语言区，完成对语义的加工。因此，许多研究者认为阅读障碍的核心缺陷应该归因于基础的视觉加工层面，并试图从基础视觉加工层面探究阅读障碍的成因。一些研究者认为，阅读障碍可能与知觉加工有关，如听觉时间加工障碍（Tallal，2004）、视觉大细胞缺陷（Stein，2014）等。一种特殊的理论——巨细胞理论（Talcott et al.，2000）认为阅读障碍在一定程度上与巨细胞通路缺陷有关，该通路对低时空频率和高时间分辨率的视觉信息尤其敏感，包括空间定位、运动和深度感知。因此，阅读障碍的巨细胞理论认为，巨细胞通路的缺陷，即感知动态感觉刺激的敏感性降低是导致阅读障碍的原因（Kevan & Pammer，2008）。Bosse 和 Valdois（2010）的研究发现阅读障碍个体的视觉平行加工能力也存在缺陷。因此，视觉系统的缺陷可能是阅读障碍的核心缺陷，而语音缺陷可能只是阅读障碍的一种结果，而不是原因（Vidyasagar & Pammer，2010）。此外，由于语言的特殊性，与字母语言相比，汉语的空间结构更加复杂，没有明确的字形—音素对应规则。汉语阅读障碍者的视觉注意缺陷可能不同于字母文字的阅读障碍者（Shu et al.，2006）。但尽管存在差异，汉语阅读障碍儿童也表现出了类似的视觉处理困难。

视觉注意是对视觉信息的选择性注意，作为一种非言语技能，它是语言能力等其他认知能力的发展基础（刘亚迪，2019）。由于汉字的视觉复杂性较高，因此视觉空间注意（visual spatial attention）作为视觉注意的一种，被认为是汉语儿童阅读成功的关键因素（Luo et al.，2013）。视觉技能在文字阅读过程中发挥重要作用，因为读者需要对文字进行视觉扫描和解码（Facoetti et al.，2000）。一些研究者认为，视觉空间注意能力可能会对阅读过程产生一定的影响，因为个体在单词阅读和拼写过程中都需要处理视觉信息（Vidyasagar & Pammer，2010）。视觉空间注意是指个体对视觉空间位置上刺激的注意（Vecera & Rizzo，2003），即个体将注意集中到某一个位置，同时忽略其他位置的能力。视觉空间注意是处理视觉呈现刺激所必需的，个体在阅读过程中需要能将注意力集中到当前阅读位置，并排除周围的刺激对当前阅读的干扰，以防分散注意力。因此，视觉空间注意对阅读的准确性和流畅性都很重要。视觉空间注意还有助于儿童识别和存储单词的视觉细节，比如注意单词的轮廓、字母的位置等，这有助于个体高效准确地检索信息，从而进行有效的阅读。Plaza 和 Cohen（2003）在研究中发现，在儿童阅读习得的早期阶段，视觉注意在书面语言中的作用似乎更加明显。为了学会阅读和拼写，儿童通过进行视觉训练，例如精细的视觉分析、视觉空间组织等，使儿童在学习阅读时，掌握单词识别中的最佳观察位置，这种方法可以使读者能够识别单词中的大多数字母（Grainger et al.，1992）。

与阅读障碍有关的视觉空间注意缺陷是由于视觉拥挤效应导致的（Gori & Facoetti，2015），视觉拥挤是指当目标被类似项目包围时，读者难以识别出目标项目的现象，而通常能观察到的视觉拥挤可以通过注意过程来调节。阅读时视觉拥挤效应程度强的直接后果是，当字母被其他字母包围时，个体无法识别它们。这个问题会导致阅读速度较慢，在阅读时更容易出错。阅读障碍的视觉描述认为，视觉注意缺陷可能会干扰字母语言阅读过程中的视觉拼字处理。视觉空间注意有助于对单词的字母进行连续扫描，任何注意缺陷都会导致难以将单词分割成音素，从而妨碍对字母群的准确识别和单词的详细的正字法表示的形成。因此，视觉注意缺陷通过阻碍正字法处理削弱了单词阅读。视觉空间注意也可以解释听写任务中单词拼写的独特差异。为了成功地完成拼写任务，儿童需要在心理词典中存储详细的正字法信息，然后从记忆中检索。正字法信息的存储和检索都需要良好的视觉空间注意。由于汉字在视觉上的复杂性，视觉空间注意力差的儿童很可能会错误地记忆汉字或混淆视觉上相似的汉字，导致在拼写任务中表现不佳（刘铎等，2016）。

此外，还有部分研究者认为，视觉注意缺陷可能是阅读障碍者语音意识差的原因。具体来说，在学习正确的字母—音素对应之前，字母已经通过视觉空间注意被精确地选择和识别了。由于要加强音素意识，就需要充分发挥字形—音素对应的功能，视觉注意缺陷可能会通过在该过程中提供不良的正字法输入而阻碍音素意识的发展（Vidyasagar，2010）。

二、视觉空间注意对汉语阅读障碍儿童的影响

近年来，越来越多的研究者开始关注汉字与视觉空间注意之间的关系，即读者对汉字注意加工的过程。汉字是一种方形文字，属于字符文字系统，其语音结构、表意方式都与字母文字存在很大差异，它具有更复杂的视觉书写形式。汉字由二维空间中的多个笔画组成，看起来像一幅二维图片（Zhang et al.，2006）。因此，视觉加工能力对汉语阅读尤为重要，个体需要运用视觉空间注意来准确而有效地识别汉字。有些汉字只有一两个笔画不同，例如大和犬、干和丰等，互相难以区分。因此，为了处理视觉上相似的字符，儿童需要通过视觉空间注意识别汉字之间细微的笔画差异。此外，与文字阅读相比，文字拼写是一项对认知要求更高的任务，因为它需要运用准确的笔画空间定位知识来完成。

尽管汉语中存在直接的视觉（正字法）语义联系，但因为汉字的形、音对应关系较弱，视觉（正字法）语音联系在很大程度上是任意的。因此，由于汉语没有对应的音素，所以学习者一般是通过形、义对应来学习字词

的。此外，汉语中还有大量视觉上相似的汉字。笔画模式的细微变化往往会使一个字符变成另一个具有不同含义和发音的字符，例如，将口和木两个字根据不同方位进行组合，可以得到杏、呆和困等。由于汉语具有这些特征，因此处理详细视觉信息的能力对于汉语阅读至关重要，因为它能使儿童有效地将汉语拼字映射到语义以及音韵上。Huang（1982）较早探究了汉字识别是否与汉字的结构相关，他将汉字构成部分进行拆分，使被试将汉字的识别拆分为独立的成分，这是一个自下而上的加工过程，而将成分进行融合则为自上而下的加工过程。结果表明，被试识别汉字时会自动将其分解为不同的组成成分，并且与其呈现方式有关，当只有一个汉字出现时，个体知觉解体较为频繁，而当汉字出现在词语中时，由于语境的干扰，知觉解体会呈现下降的趋势。

由于汉字的这些特殊性，研究者们曾一度认为汉语儿童不存在或很少存在阅读障碍。但在学校教育过程中发现，部分儿童无论在阅读速度、阅读理解能力或识字数量等方面都与同龄人存在较大的差距。张承芬等人（1996）也先后通过研究证实汉语阅读障碍的发生率并不低于英语阅读障碍的发生率，并且发现汉语儿童具有的阅读障碍既表现在词汇方面也表现在阅读理解方面。由此，人们意识到了汉语阅读中也存在阅读障碍，越来越多的研究者开始探讨汉语阅读障碍的特征及产生机制。还有研究者提出，可以通过测验视觉空间注意预测汉语阅读儿童的早期阅读能力（Ferretti et al.，2008）。Anderson 和 Chen（2013）发现高、中、低阅读能力的一年级汉语阅读儿童在字符成分检测任务上的表现存在差异。这项任务要求孩子们在一组 75 个汉字中圈出包含目标汉字成分的汉字，这类似于以往利用视觉空间注意的研究中使用的视觉搜索任务。研究结果发现，儿童的字符成分检测任务的得分越高，其阅读能力也越强。尽管许多研究已经探索了视觉技能在汉语阅读儿童发展中的作用（Luo et al.，2013），但针对视觉搜索能力与汉语阅读障碍儿童的研究还很少，大多数研究集中于视觉感知和视觉记忆与汉语儿童阅读能力的关系。因此，我们希望研究视觉空间注意在汉语儿童阅读发展中的作用，这可能是视觉加工的一个更基本的方面。

第二节 阅读障碍与系列视觉搜索

一、系列视觉搜索的类型

视觉搜索范式是研究视觉空间注意常用的范式之一。在视觉搜索任务中，研究者会要求被试从一系列干扰项目组成的材料中找到指定的目标项目。系列视觉搜索也是研究视觉空间注意常用的一种测量方法，指要求被试在一系列不同的项目中从左到右逐行依次搜索、查找目标项目（如字母和图形符号）。视觉搜索任务与日常在生活中搜索事物相似，例如在众多水杯中拿走属于你的水杯，在图书馆找到你需要的那本书，在车站接你的朋友等，具有很高的生态效应。因此，系列视觉搜索能力对于我们的日常生活也至关重要。

系列视觉搜索可分为高效搜索和低效搜索两类（Duncan & Humphreys，1989）。具体来说，高效搜索包括搜索由基本特征定义的目标，例如在绿色垂直线之间搜索出红色垂直线，或者是在垂直方向阵列中寻找出向左倾斜的线，其搜索目标与干扰项具有明显不同的特征；而在低效搜索中，搜索目标和干扰项具有相同的基本特征。在用于研究单独搜索过程的任务中，给被试呈现一个包含许多项目的材料，然后让被试报告是否存在特定目标。系列搜索任务是将目标和干扰项排成一行，并要求被试从左到右逐行搜索目标，在这些任务中，搜索项在位置上是无序的，并且没有关于如何搜索的说明。高效的搜索是简单而快速的，就好像目标从搜索显示中弹出而没有付出任何努力，比如在绿色的 T 中搜索一个红色的字母 T。相比之下，在效率低下的搜索中，如搜索 I 中的字母 T，搜索者必须集中注意力，并在向屏幕添加更多项目时花费更长的时间来查找目标。

有研究表明，阅读障碍儿童在低效搜索中的搜索能力受到损害，而他们在高效搜索任务中的搜索能力似乎仅受到最低程度的损害或完好无损（Sireteanu，2008；Wright，2012）。Sireteanu（2008）要求德语阅读障碍儿童和与年龄相匹配的阅读正常儿童完成视觉搜索任务。阅读障碍组在高效搜索任务中的表现与对照组相似，但是阅读障碍儿童在低效搜索中的表现始终较差。阅读障碍的儿童在低效搜索中仅表现出比阅读正常儿童更长的反应时间，包括结合两个特征，例如红色水平线和绿色垂直线之间的红色垂直线（即方向和颜色）搜索唯一目标。

高效搜索和低效搜索之间的比较很重要，因为它们代表了不同注意机制的功能。自下而上和自上而下的注意机制是与不同的神经系统相联系的（Corbetta & Shulman，2002）。而在高效搜索中，注意力主要由明显不同于周围环境的显著目标引导，标志着自下而上、刺激驱动的注意力；然而，低效搜索是由意志注意控制引导的，包括自上而下、目标驱动的注意（Wolfe & Horowitz，2017）。因此，对高效和低效搜索进行研究可以进一步揭示阅读障碍儿童的注意机制。

二、系列视觉搜索与阅读的关系

许多研究证明了系列视觉搜索能力与阅读的关系。例如，在 Casco（1996）视觉搜索任务中，要求 11~12 岁的意大利儿童从众多字母 I 中圈出目标字母 T，结果表明阅读成绩较差的儿童在搜索任务中也表现出了较低的单词阅读速度和较差的准确性。Plaza & Cohen（2007）在他们对 6 岁法国儿童的研究中设计了一个由非语言符号组成的视觉搜索任务。例如，一个目标是符号，而干扰物是视觉上相似的符号、、和。研究发现，在幼儿园时期视觉搜索成绩差的儿童在一年级的阅读成绩也很低，这表明视觉搜索能力可以预测儿童的阅读能力。这项措施排除了儿童的表现受阅读能力影响的可能性，在控制了语音意识和快速命名之后，该研究结果证明了视觉搜索能力对单词阅读和拼写有独特的影响。

许多研究已经发现视觉空间注意缺陷与阅读障碍之间的联系。例如，Franceschini 等（2015）在一项为期 3 年的纵向研究中发现，在幼儿园，阅读能力差的儿童在视觉搜索任务中的得分低于普通儿童。在控制了两组儿童的年龄、非言语智商、语音处理和非言语跨模态映射后，在幼儿园进行的视觉搜索任务的表现显著地预测了一年级和二年级的阅读技能，包括字母命名、假词和真词阅读以及阅读理解能力。

更重要的是，视觉搜索技能已经被发现与汉语阅读有关。刘铎等人（2015；2016）研究了正常发展中的汉语阅读三年级学生的连续视觉搜索能力。结果表明，在控制了年龄、非语言智力和元语言技能（包括快速命名、语音意识、正字法知识和形态意识）后，系列视觉搜索的速度和准确度预测了汉字阅读、阅读理解、快速阅读准确度和拼写。综上所述，先前的研究提供了有力的证据，表明视觉空间注意与字母语言读者以及汉语读者的阅读表现都有关。

第三节　阅读障碍儿童的视觉搜索能力与阅读

阅读是儿童学习过程中必不可少的基本技能，能帮助儿童更好地学习科学文化知识。阅读障碍不但会直接影响到儿童的学习成绩，使儿童语文、英语等学科的成绩显著低于阅读正常儿童，甚至会对儿童的人际交往等方面带来负面影响。这种语言失调现象得到了重视，并且成为了目前心理学的研究热点。就其本质而言，阅读涉及视觉处理过程，读者必须准确地感知页面上的文字，才能理解文字的含义。无论书写的主要拼写单位是字母还是汉字，都是如此。尽管视觉处理是单词识别的第一步，但视觉技能是否会对儿童的阅读起重要作用？近几年，阅读障碍小学生的视觉空间注意能力开始受到关注。相较于国外学者对阅读障碍儿童视觉空间注意的广泛探究，国内对视觉空间注意与阅读的关系探究相对较少，部分国内的研究者采用视觉搜索范式探讨了香港地区和台湾地区的儿童群体的视觉空间注意，目前还缺乏对书写简体字的大陆儿童的研究。儿童在小学四年级时，其阅读水平会迅速提升，到五、六年级后，阅读能力提高速度就逐渐变缓，并且趋于稳定。因此，9～11岁可能是培养儿童阅读意识和阅读能力的关键期。目前，对阅读障碍的研究大多以小学中段学生为被试，该时期更易发现学生的阅读困难行为（崔海峰，2007）。因此，本研究将以小学四年级的阅读障碍儿童为被试，研究其阅读表现，对阅读的考察包含阅读能力和语文成绩两个方面。

根据以往视觉搜索的研究发现，搜索效率部分取决于目标相对于干扰项的显著性。换言之，刺激显著性是通过调节目标和干扰项之间的差异来表现出来的，目标与干扰项越相似，则刺激的显著性越低（Duncan & Humphreys，1989）。因此，在本研究中通过改变目标和干扰项之间的差异来操纵搜索效率。具体来说，目标和干扰项在高效搜索中的差异很大，而在低效搜索中的差异较小。因此，本研究采用系列视觉搜索范式，探讨视觉空间注意对汉语阅读障碍儿童的影响，并且进一步探讨汉语阅读障碍儿童在不同类型的视觉搜索任务中的表现是否一致。

大量研究表明，语音加工缺陷是阅读障碍的显著特征（Vellutino，2001）。目前，对语音加工的研究多以语音意识为主，国内外大量研究表明语音意识对阅读能力有重要的影响。语音意识与阅读习得的关系是双向的，即语音意识会随着识字教学发展，反过来，语音意识的发展也促进了阅读能力的发展。语音意识是指个体对语音成分的知觉和操作能力，是语音单位相互结合作用于音节的过程（王小娟，赵荣，杨剑峰，2015）。以往研究已经表明阅读能力的发展离不开音系循环以及分离和操纵音节单位的能力的掌握（Plaza & Cohen，2003）。

语音意识缺陷假说认为，个体获得良好阅读技能的前提是掌握文字的形—音转换规则。发展性阅读障碍个体由于无法掌握这种操作语音结构的能力，从而表现出阅读困难。Torgesen 和 Wagner（1994）指出语音能力包含语音意识、词汇语音编码和语音工作记忆三个方面，不同的语音认知成分对阅读可能存在不同的作用。Wagner（1994）等在对小学生进行的语音测验等研究中发现，语音意识对儿童的阅读能力具有十分重要的影响。Bryant（1990）提出的语音意识的层级理论（hierarchical theory of phonological consciousness），进一步将语音意识划分为音节意识、首音－韵脚意识和音素意识，每一种意识对于阅读能力的发展都是十分重要的。Morais（1991）把语音意识分为整体性和分析性语音意识两种。儿童通过掌握音节和音位意识，可以有意识地对单词片段进行分割，从而掌握良好的阅读技能。Van 等人（2018）以小学四年级学生为被试，进行了语音任务、工作记忆任务和阅读流畅性任务的测验，结果表明，语音意识的高低能显著影响阅读障碍儿童的阅读流畅性。国内也有研究证实了语音意识与阅读能力存在关系。孟祥芝等人（2004）采用语音任务、快速命名任务和阅读任务测验，对小学三年级学生进行测试，研究结果显示，语音意识对个体阅读能力的预测作用显著高于快速命名。因此，重要的是要确定视觉搜索在解释语音障碍之外的阅读障碍时是否表现出独特的效果。

另外，工作记忆也与视觉搜索能力有关。它涉及对目标的心理表征的存储、选定对象的识别以及与目标的表征的比较（Eimer，2014）。近年来，工作记忆与视觉搜索之间的联系也引起了不少研究者的关注。Menghini等人（2011）通过视觉感知任务，发现阅读障碍儿童在评估注意力视觉感知能力的任务中，得分始终低于正常阅读儿童。研究结果表明，视觉加工的困难可能影响在视觉工作记忆任务中的表现。此外，注意力不集中或持续注意力不足也可能会影响工作记忆任务的表现。隋雪等人（2010）在研究中发现工作记忆对个体的视觉搜索能力具有引导作用，实验结果支持了偏好竞争模型。Gathercole（2006）在研究中发现个体工作记忆的发展程度能够影响阅读障碍个体的阅读技巧。因此，本研究在探究阅读障碍儿童的视觉搜索能力与阅读的关系时，控制了工作记忆对阅读障碍儿童的影响。因此，本研究在分析中加入了工作记忆，以消除阅读障碍儿童视觉搜索能力受损的原因是工作记忆不足而不是视觉空间注意不足的解释。因此，本研究测量了语音意识和工作记忆，以检验视觉搜索缺陷是否与阅读障碍有独立的联系。

一、汉语阅读障碍儿童的视觉搜索能力

（一）被试

所有被试视力或矫正视力正常，没有听觉障碍。本研究通过中文识字量测试、语文成绩和瑞文标准推理测试来筛选被试。识字量测试采用王孝玲和陶保平（1996）编制的用于测量小学生识字量的标准化测试，该测试也被广泛应用于筛选汉语发展性阅读障碍儿童的研究中（白学军等，2018）。根据测试结果并结合语文成绩，筛选出中文识字量在该年级平均水平1.5个标准差以下的儿童作为阅读障碍组被试。非语言智力通过瑞文标准推理测验进行测量，瑞文标准推理测验是一种测量儿童非言语智力的标准

化测验，该测验一共72道题，被试每答对一题记1分，否则为0分，最后得分为正确的总个数。根据年龄和常模临界值，可得到被试所属的非语言智力等级。本研究根据瑞文标准推理测验成绩，排除智力水平在50%以下（相对于常模的百分等级）的儿童。最终筛选出20名四年级儿童（男14人，女6人）进入阅读障碍组，21名年龄相同的四年级阅读正常儿童作为年龄匹配组，19名与阅读障碍儿童阅读水平相同的三年级儿童进入阅读能力匹配组。

（二）实验材料

视觉搜索任务采用刘思思等人（2019）的实验范式，这项任务一共包括24个试次，本研究通过控制搜索项目之间相似程度区分高效搜索和低效搜索类型，每种搜索类型有12个试次。每个试次的测验材料由一份20项 × 3行的矩阵构成（如图5-1所示），由黑体11号字单独打印在一张纸上。测验材料分为三种：几何符号、英文字母和汉字。每种类型都有8次试次，所有的目标都混合了相同类型的干扰物。为确保所有项目易于识别，汉字选自3000个最常用字符的数据库，平均频率等级为252.94（最常用字符的频率等级为1，频率等级从1到3000）；几何符号也选用了常见的。

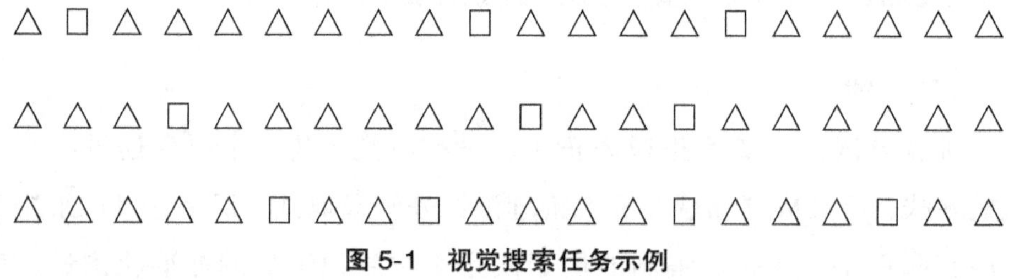

图5-1 视觉搜索任务示例

（三）实验设计

采用3（组别：阅读障碍组、年龄匹配组、阅读水平匹配组）×2（材料项目类型：相似项目、不相似项目）的两因素混合实验设计，组别为被试间变量，材料项目类型为被试内变量。因变量为完成时间和错误数。

（四）实验程序

本研究主试为心理学专业的研究生，研究在学校提供的安静教室里以纸笔测验的方式进行，每个被试接受独立测试。这项任务包括 24 个试次，前 3 次为练习试次，熟悉三种类型，练习后进入正式实验。指导语如下："欢迎参加本次实验！请您从第一行开始，从左到右依次圈出目标项。"由主试使用秒表测量完成时间，被试遗漏的目标和圈出的干扰项被算作错误数。

（五）结果分析

本研究采用 SPSS 22.0 对完成时间和错误数的原始数据进行统计和分析，组别为被试间因素，材料项目类型为被试内因素，具体描述性数据见表 5-1。

表 5-1　视觉搜索时间和错误数的平均数（标准差）（$M \pm SD$）

指标	阅读障碍组（DD）	年龄匹配组（CA）	阅读能力匹配组（RL）
完成时间			
低效搜索	22.83 ± 4.00	18.87 ± 2.62	22.93 ± 3.04
高效搜索	15.12 ± 3.29	14.15 ± 2.09	17.51 ± 2.10
错误数			
低效搜索	3.80 ± 2.17	1.14 ± 1.77	1.79 ± 1.81
高效搜索	0.65 ± 0.93	0.38 ± 0.67	0.47 ± 0.84

对完成时间进行组别和材料类型的重复测量方差分析发现，组别主效应显著，$F(2,57)=9.84$，$p<0.001$，$\eta_p^2=0.26$，材料项目类型主效应也是显著的，$F(1,57)=412.41$，$p<0.001$，$\eta_p^2=0.88$，并且组别和材料项目类型之间存在显著的交互作用，$F(2,57)=9.57$，$p<0.001$，$\eta_p^2=0.25$。进一步的简单效应分析表明，在低效搜索中，阅读障碍儿童的搜索能力低于同年龄正常儿童（$p=0.01$），阅读障碍组和同阅读能力水平组的儿童表现没有显著差异（$p=1.00$）。而在高效搜索中，阅读障碍组和同年龄水平组的儿童

表现没有显著差异（p=0.675），同阅读能力水平组的儿童的系列视觉搜索表现与阅读障碍儿童也没有显著差异（p=0.15）。

在搜索的错误数方面，阅读障碍儿童的错误数普遍高于同年龄组和同阅读水平组儿童。对错误数进行组别和材料项目类型的重复测量方差分析发现，组别主效应是显著的，$F(2,57)=9.04$，$p<0.001$，$\eta_p^2=0.24$，材料项目类型的主效应是显著的，$F(1,57)=51.21$，$p<0.001$，$\eta_p^2=0.47$，组别和材料项目类型的交互作用也是显著的，$F(2,57)=8.91$，$p<0.001$，$\eta_p^2=0.24$。通过进一步的简单效应分析发现，三组儿童在高效搜索中的错误率没有显著差异，但在低效搜索中，阅读障碍儿童的成绩显著低于同年龄组儿童（$p<0.001$）和同阅读水平组儿童（p=0.006）。

由于在之前的研究中发现，阅读障碍人群中始终是男性占主导地位，其男女比例为（1.5~3）：1，即在阅读障碍人群中，每有1个女性就有1.5~3个男性。因此，通过重复测量方差分析探究了性别在完成时间和错误数两方面的差异，但结果表明，性别在完成时间方面的主效应不显著，F=1.336，p=0.263，且性别与材料项目类型的交互作用也不显著，F=0.189，p=0.669。此外，在错误数方面，性别的主效应也不显著，F=0.115，p=0.739，性别与材料项目类型的交互作用也不显著，F=0.004，p=0.953。

二、视觉搜索能力与言语认知因素的关系

（一）被试

被试筛选标准同本节的实验一。

（二）实验材料

1. 语音意识测验

这项测验包括19项音节删除项任务和16项声母/韵母删除任务，音

节删除任务是由主试口头呈现三个音节，然后指示被试从三个音节中删除一个音节，例如，“早上好”去掉“好”，答案是“早上”。声母删除任务是指示被试说出一个音节删除声母后剩下的部分，例如，“心 xin1”去掉“x”，答案是“in”，指导语为：“请你告诉我，‘心 xin’去掉前面的‘x’还剩什么”。韵母删除任务是由主试口头呈现一个单字音节（如狼 lang2），删除该音节的韵母部分（如 ang），剩下的部分即为答案（l），指导语为：“请你告诉我，‘狼 lang’去掉后面的‘ang’还剩下什么”。语音意识任务不进行时间限定，每答对一个问题得 1 分，否则是 0 分，该项任务得分为正确的总个数，总分为 0 ~ 35 分。

2. 工作记忆

让被试听一串阿拉伯数字，并要求其按相反的顺序说出来。任务一共有 14 个数字字符串，字符串长度为 2 ~ 9 个数字，数字串按长度增加的顺序排列。该项任务没有时间限制，每正确说出一个数字字符串得 1 分，任务得分是正确复制的字符串总数，总分为 14 分。

（三）实验程序

本次研究的主试同实验一，语音意识和工作记忆测验是以个体为单位进行的，均在学校提供的一个安静教室内进行。由主试根据指导语表述题目，被试口头回答题目，然后主试在题册上记录回答正确的个数。

（四）实验结果

通过对语音意识和工作记忆原始数据的分析，发现阅读障碍组的语音意识成绩显著低于年龄匹配组和阅读能力匹配组儿童，在工作记忆方面，阅读障碍组儿童的成绩也显著低于年龄匹配组儿童。描述性数据分析详见表 5-2。

表 5-2 控制因素描述统计结果（$M \pm SD$）

类别	阅读障碍组（DD）	年龄匹配组（CA）	阅读能力匹配组（RL）	F	事后多重比较
被试人数	20	21	19		
语音意识	26.8 ± 5.66	33.42 ± 1.89	31.37 ± 3.00	15.825***	DD<CA=RL
工作记忆	7.15 ± 1.42	10.33 ± 2.24	8.68 ± 2.33	13.63***	DD<RL<CA

为了检验视觉搜索能力能否独立影响阅读能力，我们进行了协方差分析。首先，由于年龄匹配组的正常儿童的非言语智力得分高于阅读障碍儿童和阅读能力匹配组的正常儿童，所以，首先以非言语智商为协变量进行协方差分析，以消除其对结果的影响。结果显示，在完成时间方面，组别的主效应显著，$F(2,56)=8.89$，$p<0.001$，$\eta_p^2=0.24$，而材料项目类型的主效应不显著，$F(1,56)=0.92$，$p=0.34$，$\eta_p^2=0.16$，但组别与材料类型的交互作用非常显著，$F(2,56)=9.76$，$p<0.001$，$\eta_p^2=0.26$。在错误数方面，组别的主效应不显著，$F(2,56)=3.99$，$p=0.24$，$\eta_p^2=0.13$，材料项目类型的主效应显著，$F(1,56)=13.75$，$p<0.001$，$\eta_p^2=0.20$，组别与材料项目类型的交互作用不显著，$F(2,56)=3.86$，$p=0.27$，$\eta_p^2=0.12$。通过进一步的简单效应分析发现，阅读障碍儿童在低效搜索中与同年龄阅读正常儿童相比存在显著缺陷（$p=0.001$），而同阅读水平的儿童在高效搜索中的表现显著低于阅读障碍儿童（$p=0.05$）和同年龄组阅读正常儿童（$p<0.001$）。

由于语音意识是影响阅读障碍儿童的一个核心因素，并且在语音意识测验中阅读障碍儿童的成绩显著低于同年龄阅读正常儿童和阅读水平匹配组儿童，因此需要排除其对结果的影响。把语音意识和非言语智力作为协变量进行协方差分析，结果表明，在完成时间方面，组别的主效应显著，$F(2,55)=8.56$，$p=0.01$，$\eta_p^2=0.24$，而材料项目类型的主效应不显著，$F(1,56)=2.62$，$p=0.11$，$\eta_p^2=0.45$，但组别与材料项目类型的交互作用非常显著，$F(2,56)=4.91$，$p=0.01$，$\eta_p^2=0.15$。在错误数方面，组别的主效应显著，

F（2,55）=3.21，p=0.48，η_p^2=0.10，材料项目类型的主效应也显著，F（1，55）=9.83，p=0.003，η_p^2=0.15，组别与材料项目类型的交互作用显著，F（2，55）=3.22，p=0.48，η_p^2=0.10。简单效应分析的结果表明，阅读障碍儿童在高效搜索中的表现比同阅读水平的低年级儿童好（p=0.01），而在低效搜索中，阅读障碍儿童与同年龄阅读正常儿童相比在搜索完成时间（p=0.53）和错误数（p=0.13）方面存在缺陷，但与同阅读水平的儿童相比在完成时间（p=0.26）方面表现相当，在搜索准确率方面比同阅读水平的低年级儿童差（p=0.18）。

最后，本研究在协方差分析中加入了工作记忆变量，以排除阅读障碍儿童与其他两组儿童视觉搜索表现的差异是由于工作记忆差异导致的可能性。结果表明，在完成时间方面，组别的主效应显著F（2,54）=9.48，p<0.001，η_p^2=0.26，而材料项目类型的主效应不显著，F（1,54）=2.64，p=0.11，η_p^2=0.47，组别与材料项目类型的交互作用显著，F（2,54）=4.07，p=0.23，η_p^2=0.13。在错误数方面，组别的主效应不显著，F（2，54）=1.90，p=0.16，η_p^2=0.07，材料项目类型的主效应显著，F（1,54）=9.56，p=0.003，η_p^2=0.15，组别与材料项目类型的交互作用不显著，F（2，54）=2.80，p=0.70，η_p^2=0.10。通过进一步分析表明，阅读障碍儿童的视觉搜索缺陷只表现在低效搜索中的搜索时间长（p=0.03），而在高效搜索中与阅读正常儿童没有明显差异。

三、讨论

由于学习阅读会训练感官和注意过程，从而很难确定阅读障碍是感官缺陷导致的，还是阅读经验少的结果（Goswami，2011）。Eimer（2014）认为，视觉搜索任务是一种有效的测量视觉空间注意的方法。因为在执行视觉搜索任务时，视觉空间注意是通过对特定位置的候选目标对象进行空间特定的处理增强来反映的。因此本测验采用系列视觉搜索任务范式评估汉语阅读障碍儿童的视觉搜索能力，以进一步揭示其视觉空间注意特点。本研究通过将年龄匹配组儿童和阅读水平匹配组儿童与阅读障碍组儿童进行比较，研究结论表明，汉语阅读障碍儿童与年龄匹配组的阅读正常儿童相比，在低效搜索中的表现较差，表明搜索能力存在缺陷；而在高效搜索中的成绩几乎和阅读正常儿童一样，没有表现出缺陷。这与前人研究得到的结论相一致（刘思思等，2019）。但刘思思等人（2019）的研究没有纳入阅读水平相匹配的年龄小的儿童进行比较，因为阅读障碍儿童的年龄和心理年龄较高，元认知能力更高，如果阅读障碍儿童的表现比与阅读水平相匹配的年轻儿童差或相似，表明视觉探索能力的确与阅读水平有关。因此，本研究在对照组中加入了阅读水平匹配组儿童，以进一步探究视觉搜索能力与阅读能力之间的关系。研究结果发现，汉语阅读障碍儿童在低效搜索中的表现和同阅读水平儿童是相同的，这表明汉语阅读障碍儿童的视觉搜索能力与阅读能力有关；而在高效搜索中，阅读障碍儿童的搜索成绩比同阅读水平的低年级儿童好，即阅读障碍儿童在外源性注意条件下，其视觉搜索能力发展得比阅读水平匹配的低年级儿童好。这表明材料类型对儿童的视觉空间注意有十分重要的影响。杨飒等（2020）采用数字消划测验探究了汉语阅读障碍儿童的视觉空间注意与汉语阅读的关系，此研究要求被试在3分钟内采用系列视觉搜索的方法在25行×40列的数字矩阵中划掉数字“3”。结果表明阅读障碍组的数字消划成绩低于正常儿童，即阅读障碍儿童的视觉搜索能力比正常儿童差。但是测验的材料类型单一，无法考察搜索类型对视觉搜索能力的影响。比较低效和高效搜索的意义在于它们分别代表了不同的注意机制，即比较自上而下的内源性注意和自下而上的外源性注意对儿童的不同影响。这对于研究阅读障碍和视觉空间注意之间的关系非常重要，在这一研究领域中，研究者大多都会考虑注意机制的影响（Vidyasagar & Pammer，2010）。之前的大量研究都集中于自下而上的注意，可能是由于这种注意机制与大细胞背侧驱动的理论有关（Gori & Facoetti，2015），也为进一步探究阅读障碍儿童的神经机制提供了研究基础。

另外，为了探究视觉空间注意与阅读之间的独特联系，我们纳入了与阅读相关的控制变量。实验二的结果表明，即使在控制了语音意识、工作记忆和与语言智力之后，视觉搜索能力仍能对阅读产生独立的影响，表明视觉空间注意对阅读有重要作用。尽管有研究认为语音意识在汉语阅读中所起的作用似乎小于在拼音文字背景下的阅读（Liu & Mcbride-Chang，2010），但周湾（2018）的研究发现语音意识干预训练能够提高汉语阅读障碍儿童的声母韵母意识、声调意识以及音素意识，即汉语阅读障碍儿童的阅读能力与语音意识有关，因此把它作为一个控制变量，可以减少结果是由于第三个变量引起的可能性。此外，由于阅读是一个复杂的信息加工过程，需要进行字词解码、形音义转换等复杂工作，因此工作记忆能力的高低被认为是衡量阅读障碍的重要指标。另外，有研究提出工作记忆缺陷是造成发展性阅读障碍的更深层次原因（周世杰，张拉艳，2008）。本研究对工作记忆进行测验后发现，阅读障碍儿童和阅读正常儿童的成绩差异显著，因此把工作记忆作为控制变量，以消除其对结果的影响。结果表明，汉语阅读障碍儿童的视觉搜索能力不受言语认知因素的影响，与拼音文字背景下的研究结果相一致。例如，Plaza 和 Cohen（2010）证明了视觉搜索技能和语音意识是法语儿童早期阅读技能的两个独立预测因子。在正常汉语阅读儿童的研究中，当控制了年龄、非语言智力、语音意识和正字法知识后，系列视觉搜索的速度和准确度仍与汉字阅读和阅读理解等能力显著相关（刘铎等，2015；2016）。

此外，研究发现，自上而下的注意控制在阅读中起着重要的作用。在系列视觉搜索任务中，被试在进行从左到右转移注意的过程中，不仅仅是将视觉注意均匀地分布在每一个字母或汉字上，而且更多地把注意力集中在目标字母或汉字上，甚至在阅读地过程中会直接跳过一些字母或汉字。视觉搜索技能在汉语阅读中起关键作用还有以下几个原因：首先，如前所述，汉字书写系统在本质上是具有逻辑性的，但汉字的视觉表现形式很复杂，每个汉字都是一个具有多重特征的视觉正字法单位。因此，学会有效地部署视觉空间注意对阅读至关重要，这也是视觉搜索能力的核心组成部分（Eimer，2014），因为这可以使读者专注于字符特征并区分视觉相似的事物；其次，视觉空间注意是建立稳定而详细的字符视觉表示所必需的。精确的视觉表示对于形成高质量的正字表示法至关重要，掌握这种高质量的正字法表示可以帮助读者启动并支持字符识别过程中语音和含义的激活。读者在阅读过程中可以通过他们对正字法的理解来影响注意的分配。例如，当我们阅读一篇文章，可以通过自上而下的注意机制把我们的注意引导到那些对理解整篇文章有关键意义的词上。正如场景的意义可能是引导注意寻找其中某个对象一样，拼写的知识也可能引导注意寻找关键的汉字或单词。

许多研究探究了视觉空间注意与汉语阅读的关系，Anderson 和 Chen（2013）发现，中国的一年级高、中、低阅读能力儿童在汉字成分检测任务上的表现存在差异。该任务要求孩子们在一组 75 个汉字中（例如，蚂、冯、嘛等）圈出包含目标成分（例如，马）的汉字。尽管研究中没有提到视觉空间注意的概念，但这项任务与以前研究中使用的视觉空间注意搜索任务类似（Plaza & Cohen，2010）。然而，在控制了语音意识等其他阅读相关变量后，汉字成分检测任务是否有助于汉语阅读尚不清楚。Sireteanu 和 Srbu（2008）发现阅读障碍儿童仅在低效搜索中存在缺陷，但研究者没有控制语音缺陷或其他相关因素对阅读能力的影响。Buchholz 和 McKone（2010）在患有阅读障碍的成年人中有类似的发现，并测量了语音解码技能。然而，他们只是在阅读障碍组中探究了其与视觉搜索的相关性，而没有揭示视觉搜索的组间差异是否可以由语音技能的组间差异来解释。另一方面，我们的研究表明，在语音缺陷和工作记忆的影响被分离后，高效和低效搜索与阅读障碍仍有着不可分割的联系。总之，汉语阅读障碍儿童的视觉搜索缺陷是特定于低效搜索中的，并且这种缺陷对阅读能力的预测作用不能用非言语智力、语音意识和工作记忆的影响来解释。因此，在学校教学过程中，可以在低年级时期就对儿童进行视觉搜索能力测验，以筛选出在阅读方面存在困难的学生，使教师给予这部分学生更多的关注，并且对其进行科学的训练和干预，从而提高他们的阅读水平。

第四节　阅读障碍与视动整合能力

一、视动整合能力的概念

视动整合（visual-motor integration），也可以称为视觉—运动整合。广义的视动整合是指个体有针对性地进行操作活动时，视觉感知以及手部运动间的协调和配合的能力（张华等，2001；Emam & Kazem，2014）。狭义的视动整合特指利用视觉感知系统（视觉准确性、视觉调节、双眼融合、立体视觉、聚焦发散等）来协调精细运动（使手部和腕部肌肉灵活而协调地控制双手）的能力（Cheng-Lai et al.，2013）。

视动整合是一个复合概念，视知觉技能与手部精细运动是两个相对独立的部分，视知觉指的是脑对视觉刺激组织、解释并赋予意义的过程，而精细运动是凭借小肌肉或肌群运动而产生的。视知觉理论指出视觉是人类最具影响力的感觉，人类大约 70% 的感受器是分配给视觉的（Kurtz，

2006）。知觉是将视觉接收到的信息加以组织以及建构之后再内化到大脑的认知系统中，将信息转化为有意义的经验。例如，正确的行为表征、认知概念学习、空间关系辨别、读写能力。然而，负责接收与认知有关的视觉刺激整理过程叫作视知觉（visual perception）。视觉的传递分为两条路径，第一条路径为腹侧束（ventral streams），也就是物体视觉，主要是传输对物体的识别、形状、颜色、纹理和尺寸的探测，接收进入初级视觉皮质的信号，并将信息传递至颞叶皮质。另一种为背侧束（dorsal stream），也就是空间视觉，主要是传送物体的位置、身体的相对位置和姿势以及其他物体的相对位置，接收进入初级视觉皮质的信息后，将信息传递至顶叶皮质（王艳，朱楠，2016）。此外，在颞叶区域存在视知觉障碍，可能会导致难以书写和绘画；形状恒常功能障碍可能会导致数字或者笔画写反，无法区分字体的大小和错误；视觉完型则是在物体或数字不完全呈现的状态下无法区分；前景背景的障碍是无法确定复杂的背景中的目标或数字，而且视觉搜索的策略也会较差。

动作协调分为粗大动作和精细动作两种，精细动作除了表现在手部肌肉和脑神经发展外，还表现在手眼协调的能力，通过手部协调并操作物品，从中建立物品具体概念，并从手部动作协调操作经验中提升儿童的认知。动作协调能力是发展和学习的基础之一，有效率地产生动作协调，才能顺畅地进行学习和游戏等活动（Summers et al.，2008）。研究指出，儿童动作协调的表现会在学龄前和学龄早期快速发展，此阶段是儿童的动作协调能力从不成熟动作控制发展为成熟动作控制的关键期（Livesey et al.，2006）。

研究结果表明，一部分儿童视觉感知能力正常，精细动作能力正常，但是视动整合能力的测验结果却不好，所以视动整合并不是简单地把视觉感知和精细动作加起来，它们只是构成视动整合的必要因素。成功的视觉运动整合取决于许多因素，例如好的视觉感知能力、动作协调性以及持续的注意力。

从信息加工的角度来定义，视动整合先是从视觉进行输入，然后再由运动来输出，它涉及个人对运动任务的规划、执行、控制和调节。有研究提出了一种处理信息的感知行为模型，该模型由四个部分组成：感觉注入、信息接收、行动规划和对行动的反应。Hammill（2004）认为视动整合是以个人对有关目标刺激的视觉输入为基础的，随后接收到的信息转化为中枢神经系统特征，进行解释、决策和计划动作的形成，与此同时需要执行功能控制对视觉的刺激，以保证持续地在工作记忆中保持，以能够对不必要的动作进行抑制控制并整合要求规定的动作，最终精确地执行协调的手部精细动作。在整个过程中，视动整合需要对有意注意和行动进行重复编码，以实现执行运动活动。编码的速度和有效性取决于视觉动态信息的关联方式。

Vergnano等人（2021）在研究驾驶中的视觉运动协调能力时认为，驾驶可以被认为是对周围环境的受控行为，需要视觉与运动能力的协调，还需要个体管理驾驶等复杂活动的能力，被称为执行功能。丛婧（2020）整合了与视动整合能力有关的因素，并在此基础上进行了归纳与汇总，经过实证研究明确了与个体的年龄、性别、视知觉能力、运动技能、连续的有意注意以及执行功能这几个因素，发现感觉统合与视动整合相互促进、相互制约。可见，执行功能与视动整合有着不可分割的联系。

执行功能（executive function）是受额叶调节的高级认知功能，它源自对前额叶皮层损伤后果的研究，也就是早期研究中所说的“额叶功能”。研究发现，执行功能不仅涉及额叶，也涉及大脑边缘系统其他皮质以及小脑，从而将执行功能的概念与人类的认知功能相关联。这引起了认知心理学对执行功能的关注。早期的认知心理学倾向于将执行功能看作是一个整体，即一种单一的工作记忆的中央执行系统。而目前大多数研究者倾向于将执行功能视为个体有意识地监督和控制思想和行为的心理过程（罗兰兰等，2020）。执行功能的定义分为狭义和广义，狭义的执行功能仅包含抑制控制（丁芳，熊哲宏，2003）。广义的执行功能是由多种认知成分组成的总称，可细化为抑制控制、工作记忆（黄彬瑶，王小潞，2013）以及认知灵活性（cognitive flexibility）。工作记忆是能够是监测、更新和处理信息的能力，而且信息可以是视觉、语音的或空间的信息（Diamond，2012）。抑制控制是过滤和抵抗干扰和噪音的能力。认知灵活性指的是个体适应外部环境或行为变化的能力（Brydges et al.，2012；Diamond，2012）。

二、视动整合能力与阅读的关系

视动整合是拼音文字使用者的阅读能力的重要预测变量（Hammill，2004）。Sortor 和 Kulp（2003）研究表明，在阅读过程中上四分位的儿童表现明显优于下四分位的儿童，视动整合成绩与阅读成绩显著相关。Emam 等人（2014）要求儿童完成视动整合（FRTVMI）的全范围测验，其中包括 18 个几何图形，需要被试直接将这些图形在一张空白纸中呈现出来，他们发现，阅读障碍儿童在这个测验中表现比阅读正常儿童差，学龄前儿童的视动整合与语音意识成绩可以预测其一年级的阅读成绩。

汉字的视觉配置与拼音文字的视觉配置有显著不同（Chung et al.，2011）。汉字由偏旁部首和笔画构成，排列成正方形，具有很高的非线性视觉复杂性（Chow et al.，2003；Tan et al.，2005）。阅读和书写汉字是小学儿童的重要学习任务。为了清晰地书写汉字，需要先在视觉上区分笔画的结构和位置的差异（Huang，1982），并且还要意识到偏旁部首和笔画具有顺序性。Cheng-Lai 等（2013）使用中国笔迹评估工具测验研究汉语阅读障碍儿童的正字法意识、视觉感知能力、精细动作能力、视动整合能力、眼动控制以及快速命名之间的关系，结果发现，视动整合能力较弱的儿童写的汉字大多数会超出网格，并且字符大小不一。

Tan 等（2005）认为，汉字抄写成绩与阅读能力有关。但是在他们的研究中，一些与阅读相关的变量并没有进行控制，例如正字法技能。一些研究人员让21名汉语阅读障碍儿童与33名年龄匹配儿童抄写没有接触过的外文文字，包括韩语、越南语和希伯来语，最后回归分析结果表明，当对快速命名、语素意识和正字法技能进行统计控制之后，结果显示阅读成绩差异仍然显著。可见，复制这些陌生的文字与复制几何图形相似，不会受语言相关认知技能的影响。因为必须通过视知觉与运动技能来逐步复制不熟悉的刺激成分，所以复制不熟悉的刺激成分对汉语阅读的影响归因于视动整合能力（McBride-Chang et al.，2011）。

Meng等（2018）研究了阅读障碍与年龄匹配儿童的视动整合能力与阅读能力的关系。研究结果表明，阅读障碍组儿童的视动整合能力分数显著低于年龄匹配组儿童。这一结果说明，阅读障碍儿童的视动整合能力差并不是缺乏阅读经验导致的。回归分析的结果表明，视动整合能力可以独立解释儿童的阅读流畅性。即，视动整合能力可以独立预测儿童的阅读能力。

第五节　视动整合能力的因素

国外的研究者很早就对儿童的视动整合能力的发展情况给予关注，国内的台湾地区是比较早研究视动整合能力的，之后逐渐扩展到香港地区以及内地。史雷川等研究人员是较早开始研究这一课题的，他们着重进行特殊儿童的临床筛查。当前研究更加倾向于跨文化对比正常儿童的视动整合能力，许多研究发现母语为汉语的儿童视动整合能力的发展更好。环境也是影响视动整合能力的因素，包括物质环境（例如光线、噪音等）和社会文化环境（例如教育机会、文化影响等）。近些年，越来越多的研究对比跨文化的视动整合能力。研究发现，东亚儿童的视动整合能力比西方儿童强

（Tse，2017）。这些结论与 Beery 曾经认为视动整合能力不受文化约束的观点相反。另外，视动整合能力不仅存在跨文化差异，还存在种族差异。Lim 等（2015）对不同种族儿童研究发现，汉族儿童的视动整合能力与印度和马来西亚儿童的差异显著。汉族儿童的视动整合能力更好，其原因可能包括：①遗传的原因：汉族儿童大脑半球有先天的优势；②文化差异：汉族儿童使用筷子可以促进协调能力的发展；③汉字字形结构较复杂，促进儿童的视动整合能力发展（Ng et al.，2015）；④练习等因素：汉族儿童从小就接触汉字。（Lim，et al.，2015）。

个体身心发展成熟度、年级以及文化程度等因素会对视动整合能力的发展产生影响。年龄是儿童发展的主要预测因素，关于儿童视动整合能力的发展趋势，目前存在很大的分歧。大量研究发现，随着年龄增长儿童的视动整合能力上升。但是另外一些研究发现，从幼儿园中晚期到小学早期，儿童视动整合能力的发展是不稳定的。Miranda 等人（2015）对香港地区儿童进行研究的结果发现，视动整合能力上升态势是在 3.5 ~ 4.5 岁，下降态势是在 4.5 ~ 6 岁初期，平稳时期是在 4.5 ~ 5.5 岁，开始下降是在 5.5 ~ 6 岁初。

但是还有一些研究者认为，随着年龄增长，儿童的视觉运动整合能力发展呈上升趋势。张华等（2001）对北京市儿童进行了研究，结果显示，视动整合能力增长是在 4 ~ 8 岁期间，发展速度最快的阶段是在 6 ~ 7 岁；方莹（2017）研究了浙江省 4 ~ 8 岁儿童的视动整合能力，结果表明发展最快的阶段在 4 ~ 5.5 岁，迅速下降是在 5.5 ~ 6.5 岁期间，趋于平稳状态是在 6.5 ~ 7.5 岁期间，再次上升是 7.5 岁之后；Kilic 等人（2010）使用 Beery 编制的第四版 VMI 测验，对象为 1887 名 6 ~ 15 岁儿童，主要观察他们的视动整合能力发展趋势，结果显示，呈上升趋势是在 6 ~ 7.5 岁，下降趋势是在 7.5 ~ 7.8 岁期间，之后便一直处于上升趋势，顶峰是在 14 ~ 15 岁，发展速度最快时期是在 6 ~ 7 岁期间，8 ~ 13 岁的发展缓步上升，13 ~ 14 岁又是一个快速发展期，14～15 岁一直是平稳态势。性别因素的作用也没有得到一致结论（Spencer & Kruse，2013）。有研究发现男生视动整合能力在相同年龄段普遍比女生弱，但也有研究认为视动整合能力不存在性别差异（Ng et al.，2015）。

第六节　视动整合能力及相关因素的研究

视觉与运动的整合是非常重要的活动，也是个体非常重要的能力。这种能力的正常发展是个体参与正常生活的基本条件。过马路，观察川流不息的车辆，选择适当的身体动作，在恰当的时机完成过马路的任务，这是典型的视觉与运动的合作。还有在光线比较差的条件下下楼梯，也需要视觉的准确判断和动作的完美配合。

Beery 研发了视动整合能力测验，该测验的适用对象很广，3 岁幼儿和成年人都可以使用。其中，视动整合能力测验主要有 30 个刺激图形，视觉感知能力测验主要有 27 个刺激图形，动作协调能力测验主要有 27 个刺激图形。这些图形的难度都是逐渐递增的。目前此测验更新到了第六版，具有较高的信效度，广泛应用于临床筛选、评估和测验。国内外很多研究者在神经学、儿科及儿童发展领域使用该测验评估与测量，跨文化实用性也是其主要的优点（张华，林磊，陶沙，2001）。

根据技术导向，视动整合能力的研究方法可以分为结果导向和过程导向（丛婧，2020）。以结果为导向的视动整合能力评估是一种基于视动整合过程结果的分析，主要通过量表对运动的最终结果特征进行分析。但目前使用较多的研究方法是结果导向的，主要是通过测验法对视动整合能力进行评估，从而确定个体能力的发展情况。本研究使用 Beery 等人（2010）

研发的视动整合能力测验集，包括视动整合能力测验（VMI）、视觉感知能力测验（VP）和动作协调能力测验（MC）。

视动整合能力测验对儿童视动整合能力的发展情况作出反应，测验过程中三者不相互影响，该测验使用的顺序是VMI—VP—MC。VMI测验共有30道题目，它们由不同的几何图形组成，例如，直线、横线、圆形等，图形由易到难排列。测验的过程需要被试依次临摹这30个图形，之后需要三名心理学专业研究生根据评分标准对于每个图形的四个维度进行评分。该测验具有较好的信度，Cronbach's α系数为0.97~0.89，评分者的信度为0.93（方莹，2017）。视觉感知能力测验要被试在给出的几个选项中选择正确答案，信度良好，Cronbach's α系数为0.81。动作协调能力测验是在给出的区域内通过扫描的方式完成。此测验的信度良好，Cronbach's α系数为0.82。

通过三个子成分（WM、IC、CF）经典实验范式，测验执行功能。WM测验根据视觉空间的工作记忆测验改编，采用自定义顺序指示任务；IC测验使用的是经典的昼夜测验；CF测验使用的是简易版的威斯康星卡片分类测验。

一、被试

所有被试的母语都是汉语（普通话），身体健康，视力或矫正视力以及听力均正常。

所有被试均接受瑞文标准推理测验和小学生识字量测验。①瑞文标准推理测验：选用北京师范大学张厚粲教授修订的瑞文标准推理测验，对儿童的非言语推理能力进行测查，目的是对儿童的智力因素进行控制。②小学生识字量测验：本测验由华东师范大学王孝玲和陶保平编制，是测量一至五年级小学生识字量水平的标准化测验，是国内研究者们通过差异模型来筛检汉语阅读障碍儿童最常用的工具（白丽茹，2012）。该测验针对每个年级的学生编制了相应的题库，以汉字组词的形式考察小学儿童的识字量。每份测验由 10 组共 210 个由易到难排列的汉字组成，根据儿童是否能够正确地用给出的汉字组成合理的词语来判断儿童是否掌握了这个字。最后根据儿童每组题目答对的题数，乘以各组相应的难度系数，将每组的得分相加算出总的识字量。

筛选阅读障碍儿童的标准为：①语文成绩在班级的后 10%；②识字量比年级平均数低 1.5 个标准差；③瑞文智商测验等级在 25% 以上；④排除学习动机不足、注意力缺陷、其他情绪问题以及家庭环境因素导致阅读障碍的儿童。

最后共有 40 名儿童进入阅读障碍组（男生 29 人，女生 11 人）。同样选择 40 名儿童进入年龄匹配组，年龄与阅读障碍组相匹配。所有参与此测验儿童的家长都会签订一份知情同意书。在测验结束以后，参加测验的儿童都会收到一份礼物。

二、实验材料

（一）视动整合能力任务

Beery（2010）实验范式（如图 5-2 所示），此测验适用的年龄段为 2 ~ 100 岁，通过让被试用铅笔临摹已给出的几何图形进行测验，具有良好的跨文化适用性。

该测验共包括 30 道题目，从单一线条到二维图形，然后再按照由易到难的顺序切换到三维图像。在儿童个体的视觉感知和心理表征的基础上，儿童通过整合手部动作来完成纸笔临摹，每张图需要一次临摹完成，不能涂擦和改动。

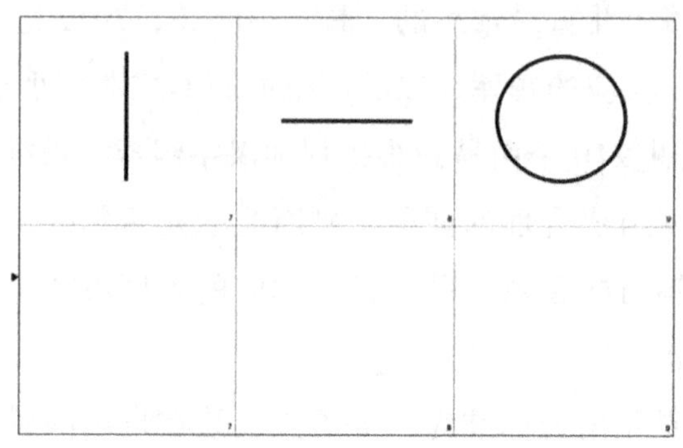

图 5-2 视动整合任务示例

本研究主试为心理学专业的研究生，研究以个体为单位，在学校提供的安静教室里以纸笔测验的方式进行。5 岁以上儿童从第 7 题开始。在备注栏中记录被试的一些行为表现，如注意力是否集中、是否有自言自语情况、头部距离纸张的距离、握笔姿势等作为打分的参考项。本测验不计时。最后请三名心理学专业研究生根据对比率、方向、对称性和位置这四项标准，基于五分制（1 ~ 5 分）给被试评分。评分者对每一个被试在四个标准的 24 个刺激物中都进行评分，得分相加（得分范围在 96 ~ 480），然后再将三个评分者的评分进行平均计算为最终得分。

（二）视觉感知能力任务

Beery（2010）实验范式（图 5-3），该测验适用于 2 ~ 100 岁的人群，需要被试从多个选项中选择与所给图形相一致的图形，共 27 个题目。本研究主试为心理学专业的研究生，研究以个体为单位，在学校提供的安静教室里以纸笔测验的方式进行。前三个题目是熟悉任务的阶段，从第 7 题开始计时，但是不告知被试，到时间后一名主试做记录，如果被试没有完成，记录做到哪一题，等被试完成后记录最终用时。主试记录被试的视觉精度情况，例如，头部位置、自言自语、斜视、发呆等。该测验有标准答案，一题 1 分，共计 24 分。

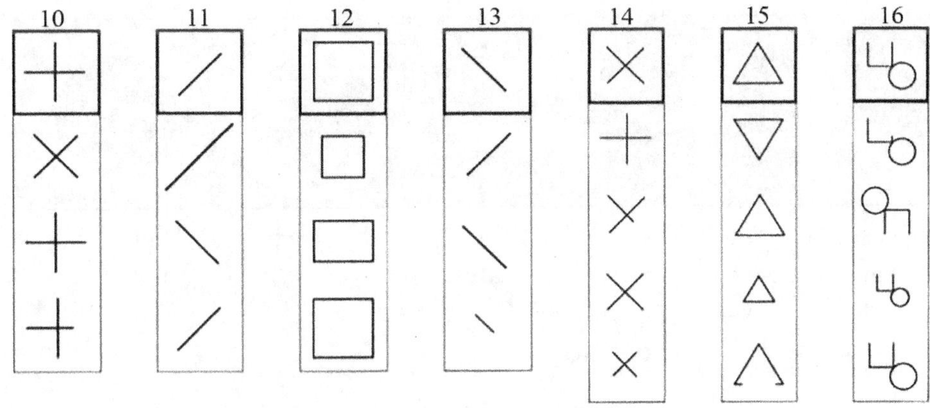

图 5-3　视觉感知任务示例

（三）动作协调能力任务

Beery（2010）实验范式（图 5-4），需要被试按照给出的例图在空白处从黑色点到灰色点画一条线，共 24 个题目。题目上方有 4 个题目是熟悉任务的阶段，主试在前四个题目中示范讲解给被试，例如，在这方框中，有一条直线、一个黑色的点和一个灰色的点，你需要从黑色的点连到灰色的点，主试同时拿出笔在 4A 作出示范，然后要求被试在 4B 出重复 4A 的操作，画的线尽可能直并且不要超出范围。如果被试没有反应，主试进行第二次示范。在 5A、5B、6A、6B 进行同样的操作。从第 7 题开始不再示范，由被试自己完成。

本研究主试为心理学专业的研究生，研究以个体为单位，在学校提供的安静教室里以纸笔测验的方式进行。由两名心理学专业研究生打分，认为得分即给 1 分，0 为未达标准不给分，然后再将两个评分者的评分求平均，计算出最终得分。

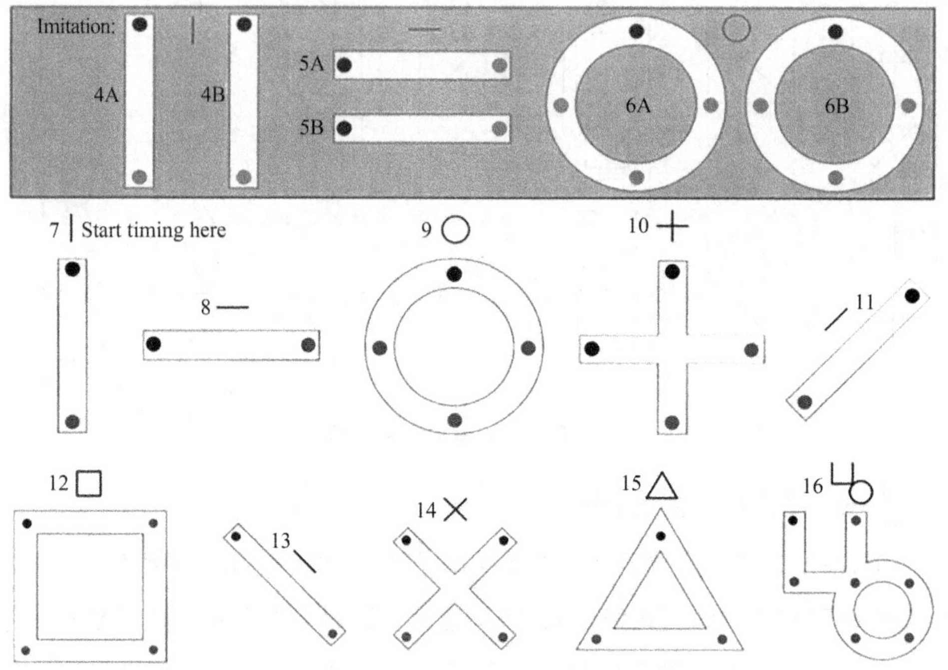

图 5-4 动作协调任务示例

（四）工作记忆任务

主试拿出一本图册，共 15 页，每一页都呈现 3×5 的空白正方形，每一个空白正方形中都有不一样的动物的图形（图 5-5）。首页随机出现两只不一样的动物，不一定出现在哪一个空白正方形中，要求是让被试快速选择出自己想选的那只。第二页将两张图片调换位置，之后让被试来指认没有挑选的那一只动物图片。第三页再加一个新的动物，之后的每一页都会有一只未出现过的动物出现，并且位置都会变换。直到被试指认出现错误，测验即结束。被试指认出的动物数量即该被试的最终得分，分数最高为 15 分。

图 5-5　工作记忆任务示例

（五）抑制控制任务

该任务要求儿童说出与图片所表达的意思相反的词，所以需要孩子们抑制习惯作出反应。每个试次中，主试都给被试呈现一幅图片（图 5-6），对被试的要求是要快速并且准确地反应，并且脱口而出与图片本身含义相反意思的指代词。例如，当给被试呈现一幅太阳的图片，被试给出反应并且要说“晚上”；当给被试呈现一幅月亮的图片，被试给出反应并且要说“白天”。此测验采用了两类反义词：①白天与黑夜；②男孩与女孩。

本任务一共包含 30 张图片，每次测验都是随机的，并不知道排列的顺序，有利于主试快速地呈现图片，不打断被试的思绪。此测验需要两名主试，一名主试翻卡片，另一名主试记录被试的反应与分数。指认正确的为最终得分。

图 5-6 抑制控制任务示例

（六）认知灵活性任务

如图 5-7 所示，一张红色三角形、两张绿色五角星形、三张黄色十字形和四张蓝色圆形这四张模板，还有 48 张需要分类的卡片。需要被试对每一张卡片的形状、颜色以及数量进行分类。主试不进行暗示的情况下，被试每分类一次之后，主试给出更换要求口令。测验过程没有时间的限制，直至被试将 48 张卡片分类以后，则结束测验。分类的正确总数为最终的得分。有研究证实，此经过修订版的测验范式与原版的测验结果一致性很高，而且非常适合学龄儿童使用。在反应额叶执行功能以及额叶损伤方面有较理想的效度，适用于跨文化研究。

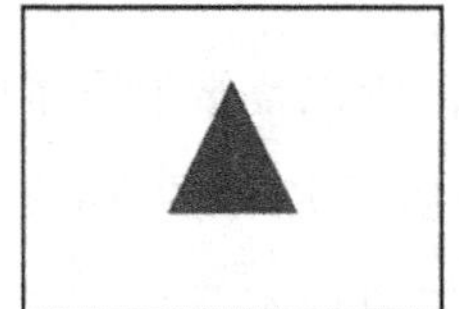  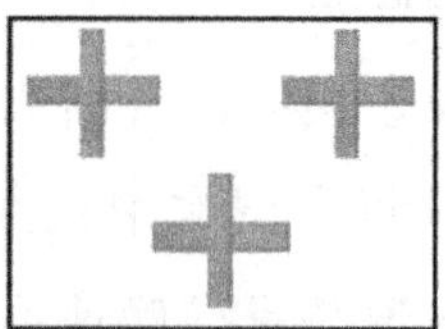 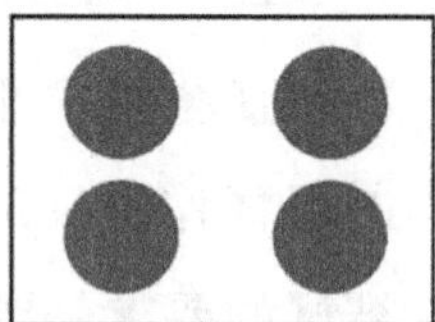

图 5-7 认知灵活性任务示例

三、实验设计

本研究采用 2（组别：阅读障碍组、年龄匹配组）×2（年级：二年级、四年级）×2（性别：男生、女生）的混合实验设计，年级、组别为被试间变量，性别为被试内变量。因变量为正确率。方差分析结果显示，组别在 6 个测验中的主效应均显著。年级的主效应在视动整合测验与动作协调测验中显著。性别的主效应在视动整合测验、视觉感知测验、动作协调测验以及认知灵活性测验中显著。

四、结果与分析

本研究使用 SPSS2.0 对数据进行统计分析，采用（平均数 ± 标准差）的描述。

（一）视动整合能力结果

两个年级阅读障碍组与年龄匹配对照组儿童以及不同性别之间的 VMI 平均正确率描述性数据见表 5-3。

表 5-3　VMI 测验正确率（$M \pm SD$）

年级	阅读障碍组（n=40）		年龄匹配组（n=40）	
	男（n=29）	女（n=11）	男（n=21）	女（n=19）
二	230.33 ± 47.36	289.00 ± 12.73	273.09 ± 32.05	286.33 ± 48.98
四	162.91 ± 65.81	203.89 ± 62.21	430.50 ± 17.26	423.90 ± 18.75

以组别和年级为被试间因素，以性别为被试内因素，以儿童的视动整合能力为因变量进行方差分析，组别的主效应显著，$F(1,72)=112.18$，$p<0.001$，$\eta_p^2=0.609$，年龄匹配组正确率高于阅读障碍组。年级的主效应显著，$F(1,72)=8.174$，$p<0.01$，$\eta_p^2=0.102$，四年级正确率高于二年级。性别主效应显著，$F(1,72)=4.551$，$p<0.05$，$\eta_p^2=0.059$，女生的视动整合能力高于男生。组别与年级二阶交互效应显著，$F(1,72)=80.68$，$p<0.001$，$\eta_p^2=0.582$。进一步简单效应分析发现二年级阅读障碍儿童与正常儿童视动整合能力存在明显差异，$p=0.005$；四年级阅读障碍儿童与正常儿童视动整合能力也存在很大差异，$p<0.001$。正常组二年级与四年级儿童视动整合能

力存在很大差异，p=0.000，阅读障碍组二年级与四年级儿童视动整合能力存在很大差异，p=0.000。其余二阶及三阶交互效应均不显著。

（二）视觉感知能力结果

两个年级阅读障碍组与年龄匹配对照组儿童以及不同性别之间的VP平均正确率描述性数据见表5-4。

表5-4 VP测验正确率（$M \pm SD$）

年级	阅读障碍组（n=40）		年龄匹配组（n=40）	
	男（n=29）	女（n=11）	男（n=21）	女（n=19）
二	16.11 ± 2.97	19.50 ± 0.71	20.45 ± 1.70	21.44 ± 1.67
四	17.91 ± 2.84	18.78 ± 2.82	21.50 ± 3.27	21.90 ± 1.60

以组别和年级为被试间因素，以性别为被试内因素，以儿童的视觉感知能力为因变量进行方差分析，组别的主效应显著，$F(1,72)=22.565$，$p<0.001$，$\eta_p^2=0.239$，年龄匹配组正确率高于阅读障碍组。性别主效应显著，$F(1,72)=4.258$，$p<0.05$，$\eta_p^2=0.06$，女生的视觉感知能力高于男生。年级的主效应不显著，$F(1,72)=0.886$，$p=0.35$，$\eta_p^2=0.012$，其余二阶及三阶交互效应均不显著。

（三）动作协调能力结果

两个年级阅读障碍组与年龄匹配对照组儿童以及不同性别之间的MC平均正确率描述性数据见表5-5。

表5-5 MC测验正确率（$M \pm SD$）

年级	阅读障碍组（n=40）		年龄匹配组（n=40）	
	男（n=29）	女（n=11）	男（n=21）	女（n=19）
二	8.31 ± 2.87	14.50 ± 2.83	17.36 ± 4.20	17.61 ± 3.36
四	9.73 ± 3.67	12.28 ± 3.75	20.95 ± 3.68	21.70 ± 2.19

以组别和年级为被试间因素，以性别为被试内因素，以儿童的动作协调能力为因变量进行方差分析，组别的主效应显著，$F(1,72)=80.934$，$p<0.001$，$\eta_p^2=0.529$，年龄匹配组正确率高于阅读障碍组。年级的主效应边缘显著，$F(1,72)=3.552$，$p=0.063$，$\eta_p^2=0.047$，性别主效应显著，$F(1,72)=7.134$，$p<0.01$，$\eta_p^2=0.090$，女生的动作协调能力高于男生。组别与年级的二阶交互效应显著，$F(1,72)=5.400$，$p<0.01$，$\eta_p^2=0.070$，通过进一步简单效应分析发现二年级阅读障碍儿童与正常儿童的动作协调能力存在很大差异，$p<0.001$，四年级阅读障碍儿童与正常儿童动作协调能力也存在很大差异，$p<0.001$。正常组二年级与四年级儿童动作协调能力存在很大差异，$p<0.001$，然而阅读障碍组二年级与四年级儿童动作协调能力差异不显著，$p=0.082$。组别与性别的二阶交互效应显著，$F(1,72)=4.512$，$p<0.05$，$\eta_p^2=0.059$，通过进一步简单效应分析发现男生阅读障碍儿童与正常儿童动作协调能力存在很大差异，$p<0.001$，女生阅读障碍儿童与正常儿童动作协调能力存在很大差异，$p<0.001$。正常组男生与女生动作协调能力差异不显著，$p=5.48$，然而阅读障碍组男生与女生动作协调能力存在很大差异，$p=0.004$。其余二阶及三阶交互效应均不显著。

（四）工作记忆结果

两个年级阅读障碍组与年龄匹配对照组儿童以及不同性别之间的 WM 平均正确率描述性数据见表 5-6。

表 5-6　WM 测验正确率（$M \pm SD$）

年级	阅读障碍组（n=40）		年龄匹配组（n=40）	
	男（n=29）	女（n=11）	男（n=21）	女（n=19）
二	7.11 ± 4.11	6.50 ± 3.54	11.55 ± 2.73	10.67 ± 2.92
四	7.73 ± 3.04	6.56 ± 3.64	11.80 ± 2.35	11.40 ± 2.80

以组别和年级为被试间因素，以性别为被试内因素，以儿童的工作记

忆能力为因变量进行方差分析，组别的主效应显著，$F（1,72）=25.026$，$p<0.001$，$\eta_p^2=0.258$，年龄匹配组正确率高于阅读障碍组。年级的主效应不显著，$F（1,72）=0.225$，$p=0.637$，$\eta_p^2=0.003$，性别主效应不显著，$F（1,72）=0.764$，$p=0.385$，$\eta_p^2=10.011$，其余二阶及三阶交互效应均不显著。

（五）抑制控制结果

两个年级阅读障碍组与年龄匹配对照组儿童以及不同性别之间的IC平均正确率描述性数据见表5-7。

表5-7 IC测验正确率（$M \pm SD$）

年级	阅读障碍组（n=40）		年龄匹配组（n=40）	
	男（n=29）	女（n=11）	男（n=21）	女（n=19）
二	12.33 ± 8.70	16.00 ± 19.80	24.09 ± 5.80	22.33 ± 6.63
四	17.45 ± 9.33	13.56 ± 9.65	24.60 ± 8.10	25.40 ± 7.95

以组别和年级为被试间因素，以性别为被试内因素，以儿童的抑制控制能力为因变量进行方差分析，组别的主效应显著，$F（1,72）=16.614$，$p<0.001$，$\eta_p^2=0.187$，年龄匹配组正确率高于阅读障碍组。年级的主效应不显著，$F（1,72）=0.472$，$p=0.494$，$\eta_p^2=0.007$，性别主效应不显著，$F（1,72）=0.017$，$p=0.896$，$\eta_p^2<0.001$，其余二阶及三阶交互效应均不显著。

（六）认知灵活性结果

两个年级阅读障碍组与年龄匹配对照组儿童以及不同性别之间的CF平均正确率描述性数据见表5-8。

表5-8 CF测验正确率（$M \pm SD$）

年级	阅读障碍组（n=40）		年龄匹配组（n=40）	
	男（n=29）	女（n=11）	男（n=21）	女（n=19）
二	39.49 ± 7.42	45.30 ± 2.83	44.75 ± 1.83	46.27 ± 1.83
四	42.93 ± 2.99	43.92 ± 2.82	46.32 ± 1.60	46.06 ± 2.59

以组别和年级为被试间因素，以性别为被试内因素，以儿童的认知灵活性为因变量进行方差分析，组别的主效应显著，$F(1,72)=6.910$，$p=0.01$，$\eta_p^2=0.088$，年龄匹配组正确率高于阅读障碍组。性别主效应边缘显著，$F(1,72)=3.254$，$p=0.075$，$\eta_p^2=0.043$。年级的主效应不显著，$F(1,72)=0.587$，$p=0.446$，$\eta_p^2=0.008$，其余二阶及三阶交互效应均不显著。

五、讨论

本研究以同年龄正常发育儿童作为对照组，考察了汉语阅读障碍儿童的视动整合能力。研究结果表明，汉语阅读障碍儿童存在视动整合能力缺陷，年龄匹配组的正确率明显高于阅读障碍组。

本研究采用几何图形临摹任务，不是汉字或者字母，无须任何语言信息。因为陌生几何图片的视觉空间配置很复杂，当要求儿童复制不熟悉的文字或几何图片时，他们将无法利用语言相关的认知技能来完成这些复制任务。被试必须通过利用整合视觉感知和运动技能来逐步复制陌生刺激的成分。因此，复制不熟悉的材料是视觉与运动整合的结果。它可以在评估出个体视觉感知和心理表征后，整合手部动作所呈现信息的质量。研究结果显示，在跨文化临摹测验中，阅读障碍组被试的正确率低于匹配组。这表明汉语阅读障碍儿童的视动整合能力较差。这一结论支持了一部分人的研究，在使用非言语材料的视动整合任务中，同样发现阅读障碍儿童存在缺陷，毕鸿燕等人（2019）研究了阅读障碍与年龄匹配儿童的视动整合能力与阅读能力的关系，他们通过阅读流畅性测验、双字词抄写测验、视动整合能力测验、语音意识测验、正字法加工测验、快速命名测验、语音意识测验这七个测验考察了阅读障碍组、年龄匹配组以及能力匹配组儿童的视动整合能力与阅读的关系，结果表明阅读障碍儿童阅读流畅性、双字词抄写能力、视动整合能力、语音意识、正字法加工、快速命名、语音意识都存在缺陷。孟泽龙等人（2017）从行为和神经机制两个方面对三年级和六年级的阅读障碍儿童与正常儿童进行了视动整合能力研究，结果表明阅读障碍儿童与正常儿童差异显著，阅读障碍儿童视动整合能力存在缺陷。

其次，在视动整合能力的研究中性别这一因素是否存在差异并没有明确的结果，一些研究者认为性别间不存在差异，还有一些研究者认为女生的视动整合能力优于男生。本研究结果发现，女生的视动整合能力优于男生。这一原因可能是因为在视觉感知能力的发展过程中，男生的感觉阈限高于女生，对需要精细动作的任务不如女生擅长。女生自幼儿期就会开始进行角色扮演游戏，常常扮演姐姐、妈妈这样的角色，擅长给娃娃穿衣服、脱衣服，精细动作能力会得到强化（吴卫东，2011）。但是这些属于精细动作方面的差异，男生不如女生很有可能是因为没有进行足够的练习。在男生、女生都能得到发展的动作上，情况会有不同，因为男生更有力量去执行与视觉匹配的动作，可能男生更有优势，此设想有待证明。我们应该承认，男生与女生在很多涉及身体力量的动作方面略有差异。初中之后，男生与女生之间的力量也开始出现差异，这种差异一定会影响视觉与动作的协调。

当然，研究发现的性别差异还可能与使用的测验版本、类型或者环境、文化等因素有关。导致视动整合能力的发展趋势尚且没有统一的结论，有研究者认为随年龄增长呈上升趋势，但也有研究者认为随年龄的增长会趋于平稳，本研究结果表明四年级的正确率高于二年级。这一结果与前人的研究结果一致。张华等（2001）研究发现，4 ~ 8 岁这一期间视动整合能力是随着年龄的增长而上升的；方莹（2017）研究发现，4.5 ~ 5.5 岁这一期间是发展迅速的，5.5 ~ 6.5 岁（一年级）急速下降，但是 6.5（一年级）~ 7.5 岁（二年级）保持平稳，7.5 岁（二年级）后再次上升；Kilic 等（2010）研究表明，儿童在一年级开始视动整合能力逐渐上升。因此，视动整合能力是呈上升趋势发展的，小学时期是视动整合能力发展的重要阶段，教学过程中要尽可能避免一刀切的问题。

此外，组别与年级的交互效应显著，通过进一步简单效应分析发现，二年级阅读障碍儿童与正常儿童视动整合能力存在明显差异，四年级阅读障碍儿童与正常儿童视动整合能力也存在很大差异。正常组二年级与四年级儿童视动整合能力存在很大差异，阅读障碍组二年级与四年级儿童视动整合能力存在很大差异。这一结果说明，无论阅读障碍儿童还是阅读正常儿童，他们的视动整合能力都是不断发展的，但是阅读障碍儿童的视动整合能力发展受到阻碍，发展较为缓慢，进而影响阅读能力的发展。

本研究以同年龄阅读正常儿童作为对照组，考察了汉语阅读障碍儿童的视动整合能力的相关因素。本研究采用 6 个测验来评估儿童的视动整合能力相关因素的能力，这些任务都以图片的形式呈现，因此，被试无法利用语言相关认知技能来完成。研究结果显示，当被试进行视觉感知任务时，需要根据视觉刺激提取相同目标刺激物，阅读障碍组被试的正确率明显比年龄匹配组低。在感知方面，阅读障碍儿童明显不如阅读正常儿童，也就是对事物基本特征的感知要差。可以推测，对文字的感知也会存在这样的问题，识别慢，感知不准确。Conlon 等人（2009）用随机点运动图形为实验材料，结果表明阅读障碍者的与正常发育人群的视动敏感性差异显著。Benassi 等（2010）经过元分析发现阅读障碍者的视觉感知能力存在缺陷。Rodrigues 等人（2016）在速度辨别和对比敏感度研究中发现 33 名阅读障碍儿童与 34 名阅读正常儿童的差异显著。李杰和赵婧（2020）使用参数估计方法考察了三至六年级阅读障碍儿童的视觉加工能力缺陷，结果显示，阅读障碍儿童与阅读正常儿童在知觉加工速度上差异显著。同时，研究结果还发现女生的视觉感知能力优于男生。

当被试进行动作协调任务时，需要根据目标刺激来进行手部精细动作，阅读障碍组被试的正确率明显比年龄匹配组低。这一结果与前人研究一致，Lam 等（2014）在中国香港的一项研究考察了二至六年级阅读障碍儿童与阅读正常儿童的汉字抄写，结果表明，阅读障碍儿童书写速度慢、准确性差、字体偏大、变异性大还有笔画错误多。同时，研究结果还发现女生的视觉感知能力优于男生。此外，组别与年级的交互效应显著，通过进一步简单效应分析发现，二年级阅读障碍儿童与阅读正常儿童动作协调能力存在很大差异，四年级阅读障碍儿童与阅读正常儿童动作协调能力也存在很大差异。正常组二年级与四年级儿童动作协调能力存在很大差异，然而阅读障碍组二年级与四年级儿童动作协调能力差异不显著。这一结果表明阅读正常儿童的动作协调能力会随着年龄的增长呈上升趋势发展，然而动作协调能力发展受到阻碍，阅读能力也会受影响。组别与性别的交互效应显著，通过进一步简单效应分析发现，男性阅读障碍儿童与阅读正常儿童动作协调能力存在很大差异，女性阅读障碍儿童与阅读正常儿童动作协调能力也存在很大差异。阅读障碍组男生与女生动作协调能力存在很大差异，然而年龄匹配组男生与女生动作协调能力差异不显著。这一结果与以往研究结果不一致，可能是因为使用的测量工具不一致、教学环境的不同以及样本量所处的年龄阶段不同。未来需要进行个体间的细致研究。

视觉感知能力与动作协调能力的加工过程互逆，涉及多个共同加工成分。阅读涉及视觉感知输入到语句理解，手部精细运动（书写、绘画）涉及语音信息提取到视觉输出（王成等，2012）。视动整合作为大脑的一项功能，一定程度上反映了大脑的发育和成熟程度。儿童智能发展、学习能力和行为进步需要建立在感知觉和精细运动的基础上。视动通过反映手眼协调状况，可反映儿童学习和行为问题（潘学霞，2020）。

当被试进行执行功能任务时，对目标刺激的记忆、抑制控制以及认知灵活性的正确率都明显比年龄匹配组低。这表明汉语阅读障碍儿童的视觉感知能力、动作协调能力、执行功能（工作记忆、抑制控制、认知灵活性）都存在缺陷。执行功能泛指一系列能力，涉及个人的多种能力，以便有意识地控制他们的思想和行动，当今执行功能已经被概念化为包含三个核心组件的构造，即工作记忆、抑制控制、认知灵活性（Butterfuss & Kendeou,

2017）。以上结果与以往研究的结果相一致。Menghini 等人（2011）选用言语、视觉客体以及视觉空间等材料，对汉语发展性阅读障碍儿童的工作记忆能力进行了研究，发现组别之间的差异显著；骆艳等人（2011）分别对阅读障碍儿童与正常儿童的工作记忆能力进行研究，结果发现阅读障碍儿童的得分显著低于对照组；蒋春荣（2014）采用视觉图像记忆任务对比了阅读障碍儿童与阅读正常儿童的工作记忆，发现阅读障碍儿童的表现显著落后于阅读正常组儿童；Varvara（2014）使用地图任务，要求儿童在 60 秒内尽量多地圈出城市地图中的目标物，发现阅读障碍儿童在视觉空间记忆方面存在缺陷；李静雅（2019）对儿童的视觉空间记忆进行了研究，结果表明阅读正常儿童的正确率明显高于阅读障碍组的儿童，并且差异很大；皮亚杰研究了儿童的认知发展，并得出结论：儿童的认知灵活性在小学持续发展，并获得了同时掌握多个概念和规则的能力（Piaget，1964）。

Chapter Ⅵ | 第六章

阅读障碍儿童阅读的眼动特征

第一节 阅读过程中眼动指标的选择及眼动研究

在眼球运动的相关研究中，研究者通常选择多种眼球运动指标进行分析，但眼球运动指标种类繁多，分类标准也不尽相同。首先，根据阅读过程中眼睛的运动方式和时间，眼球运动指标可以分为两类：一是空间眼球运动指标，二是时间眼球运动指标；其次，根据眼跳是否需要意识控制、是自下而上还是自上而下的处理，扫视可以分为自主眼跳和反射眼跳。

一、阅读过程中眼动指标的选择

（一）时间维度的眼动指标

在眼球运动过程中，眼睛在各种活动和状态下的时间连续性是非常重要的信息。在眼动研究中，从时间维度提取的眼动指标主要包括注视持续时间和扫视持续时间。注视时间可分为首次注视时间、平均注视时间、总注视时间等。眼跳持续时间又可分为眼跳潜伏期、眼跳时间等。各时间维度指标的含义如下：

首次注视时间是指眼球在某个兴趣区的第一次注视时间。在言语加工研究中，一般认为首次注视时间是对该兴趣区内容意义通达的时间。如果注视的是词汇，则与词频、词长、词汇复杂度等因素有关。

平均注视时间是指从眼睛落在在某个兴趣区开始，到离开这个兴趣区为止的多次注视的时间之和。平均注视时间反映了对注视内容的深加工及整合加工。

总注视时间是指眼睛对某个兴趣区所有注视的时间之和，包括回视时间。而在兴趣区内，多次注视的注视时间的平均值就是平均注视时间。有研究发现，虽然平均注视时间不能反映时间处理的实时过程，但是在整体分析中，却能很好地反应阅读加工的整体情况。

眼跳潜伏期是指从刺激目标出现到眼睛向这个目标进行眼跳之间的时间。

眼跳完成时间是指从眼睛离开注视点到选择新的注视点之间的时间。

（二）空间维度的眼动指标

除了时间维度，还有基于空间维度的眼动指标，即眼睛选择注视的位置。本研究提取的空间维度的眼动指标为：注视位置、注视次数、眼跳距离、回视次数。各空间维度指标的含义如下：

注视位置是指眼睛在阅读过程中每次注视选择的位置。

跳读次数是指不被观看的次数。一般认为，被跳读的信息已经被副中央凹视觉区加工了。

注视次数是指眼睛对某个位置的注视次数。通常是研究者感兴趣的位置，也叫感兴趣区（region of interest，ROI）。有研究发现，分别阅读困难材料或陌生材料和简单材料或熟悉材料时，前者会产生更多的注视次数，这说明当被试阅读认知负荷较高的材料时，注视次数会增加。

回视是指在阅读过程中，眼睛从右向左移动，注视已看过的内容。

眼跳是指眼球在注视点之间的跳动。眼跳距离（saccadic length）是指单次眼跳中眼跳前后两个注视点之间的空间距离。眼跳距离小，表明被试在单次注视内获得的信息少，对材料的阅读理解有一定的困难，阅读效率较低，阅读速度较慢。

（三）反射性眼跳和自主性眼跳

根据是否需要意识控制，眼跳可分为反射性眼跳和自主性眼跳控制，含义如下：

反射性眼跳（reflex saccade）是指由外界新刺激引起的眼跳。它是一个自下而上的过程，不需要意识的控制。反射性眼跳的眼跳潜伏期是一种常用的眼动指标，是指目标刺激出现与第一次眼跳之间的时间间隔。

自主性眼跳（spontaneous saccade）是一种内源性眼跳，不是由外界刺激驱动的。它是一个自上而下的过程，需要在意识的参与下完成。自主性眼跳的常见指标包括反向眼跳潜伏期和反向眼跳错误率。反向眼跳（anti-saccade）是指当目标出现时，受试者的眼睛朝着目标的相反方向跳。反向扫视需要一系列复杂的认知过程，包括反射性扫视的抑制和反向扫视的计划与执行。完成正确的反向扫视最重要的是抑制反射性扫视。因此，反向眼跳是研究反射性扫视的抑制的有效范式之一。

反向眼跳错误率是指当视觉刺激突然出现，被试不能抑制反射性眼跳时，眼跳次数占总眼跳次数的百分比。它反映了被试能否更好地控制反射性眼跳，主要反映了被试的眼跳控制能力是否优越。

二、阅读过程中的相关眼动研究

阅读的眼动研究已经积累了丰富的研究成果，并形成了几个比较代表性的眼动模型。一类是眼球运动模型（oculomotor models）。这类模型主要关注较低水平的视觉因素对眼动活动的影响，比如词间空格和材料呈现方式、眼球运动系统等；另一类是认知加工模型（cognitive processing model）。这类模型主要关注较高水平的语言信息对眼动控制的影响，比如词频效应、语境和预测性效应等。当前的眼动研究已证明低水平的视觉信息和高水平的语言信息对个体阅读时的眼动控制都有一定影响。

（一）阅读知觉广度的研究

阅读知觉广度（perceptual span of reading）是阅读研究中的一个基本问题，是指个体在阅读过程中每次注视所能获得的有用信息的范围。测量阅读知觉广度最常用的技术是“呈现随眼动而变化”的技术（gaze-contingent moving-window technique）（McConkie & Rayner，1975）。在该技术中，每当被试移动他的眼睛，一个视觉窗口将出现在他的注视点周围。

正常文本出现在窗口中，窗口外的文本被掩蔽材料覆盖，有的研究采用字母掩蔽，有的研究采用“X”掩蔽。窗口大小可以根据研究需要进行调整，窗口大小的变化可以控制被试每次凝视时所能获得的信息范围。该技术的理论假设是，通过比较不同视窗的眼动指标与正常文本的眼动指标，当某一视窗的被试眼动指标与正常阅读无差异时，确定被试的阅读感知广度与视窗的大小一致。

lnhoff 和刘伟民（1998）对汉语阅读知觉广度的研究表明，汉语阅读的知觉广度是不对称的，即左一个词，右三个词。并且，他们还发现，知觉广度有部分重叠，也就是说，眼跳距离略小于知觉广度，这表明通常中文阅读者注视的区域已经对先前的注视进行了部分加工。汉语阅读的知觉广度小于英语阅读的知觉广度，这可能是由汉字的复杂性决定的，汉字的单位空间里包含的信息更多，不像英语那样有明显的词边界。

综合已有研究（Rayner et al.，2009；Rayner et al.，2009），影响阅读知觉广度的因素有：①阅读者的年龄和阅读水平。Rayner 的早期研究发现，年轻阅读者的知觉广度约为注视右侧的 11 个字符，熟练阅读者的知觉广度约为注视右侧的 14 ~ 15 个字符（Rayner，1986）。在各个年龄组里面，快速阅读者（faster reader）的字母识别广度比慢速阅读者（slow reader）的更大，由此推测慢速阅读者主要将认知加工资源集中于中央凹注视词，而快速阅读者的认知资源分配范围较大（Haikio et al.，2009）。在汉语阅读研究中也得到了类似结果（闫国利等，2008；闫国利等，2011；张慢慢等，2020a；张慢慢等，2020b）。以往研究一致表明，年龄和阅读者的阅读水平影响阅读知觉广度的范围，并且随着年龄的增长和阅读能力的提高，阅读者的阅读知觉广度也随之增加；②阅读材料的难度。当阅读难度较大的材料时，阅读知觉的范围较小，因为阅读者将更多的认知加工资源集中在中心凹区域的单词上（Rayner，1986）。闫国利等（2008）对汉语阅读的研究发现，阅读困难材料时，感知阅读广度约为 3 ~ 5 个汉字，而阅读容易材料时，感知阅读广度约为 5 个汉字；③工作记忆容量。在小于阅读知觉广度的条件下，工作记忆容量高的阅读者比工作记忆容量低的阅读者注视时间更短，理解率更高。关善玲和闫国利（2007）对汉语阅读的研究发现，与低工作记忆容量阅读者相比，高工作记忆容量阅读者能够更好地整合文章信息，进行更有效的阅读。

（二）副中央凹预视效应的研究

副中央凹预视效应（parafoveal preview effects）是指当阅读者在看一个词时，他可以在词的右侧得到该词的部分信息。在阅读过程中，阅读者能否从副中心凹获得预读信息，将直接影响其阅读效率（白学军等，2011；杨帆，隋雪，李雨桐，2020）。研究者通常采用边界范式来探讨副中央凹预视效应（Rayner，2009），在该范式中，阅读者开始阅读时，预视词位于目标词的位置。当阅读者的眼睛跳过边界时，目标词将替换预视词。研究者可以根据需要改变目标词的预视条件，也可以设置边界的位置。通过比较不同预视信息和边界的不同位置对目标字加工的影响，研究者推测了从副中央凹处的类型以及从副中央凹处获得的预视信息的最大范围。

影响副中央凹预视效应的主要因素有三个：

①注视词的物理特征。例如，当字词清晰度不同时，副中央凹预视效应不同。例如，模糊注视字词的副中央凹预视效应较小。此外，注视词的呈现方式也会影响预视效果。有研究发现，当注视词由大、小写字母交替组成时，副中央凹的预视效应较小。②中央凹处理负荷。当中央凹加工负荷较大时，副中央凹的预视效应较小；而当中央凹加工负荷较小时，副中央凹的预视效应增大。③阅读者的阅读水平。当阅读者的阅读水平较低时，副中央凹处的言语预视效果也很小，而阅读水平较高的阅读者可以从副中

央凹获得较大的言语预视效果。

（三）阅读信息提取时间的研究

对英文阅读的研究发现，要保障阅读活动顺利进行，视觉信息至少需要呈现 60ms（Rayner et al.，2009）。在对儿童和成人的比较研究中发现，不论是成人还是儿童，阅读消失文本时的眼动模式与正常条件下的差异较小，并且出现了词频效应。在 Joseph 等（2008）的实验研究中，被试为年龄较小儿童组（7 ~ 9 岁）、年龄较大儿童组（10 ~ 11 岁）和成人，文本呈现时间设置为 40ms，80ms，120ms 及控制条件四个水平，结果发现，即使文本呈现时间很短，年幼的孩子也可以像成年人一样完成单词识别过程。

一些研究者还考察了中文阅读信息提取的速度。闫国利等（2007）用消失文本范式研究了大学生的眼动情况，实验所用的句子全部由双字词构成。结果发现，被注视的双字词呈现时间为 80ms 时，正常的阅读不受干扰；刘志方等（2011）采用相同的阅读材料进行了研究，结果表明，当语篇呈现时间达到 180ms 时，小学三年级学生的眼动特征与正常人无差异。对于五年级的学生，文本呈现时间需要达到 160ms。而八年级学生和成人一样，当文本呈现时间达到 80ms 时眼动特征与阅读正常文本时无差异；闫国利等（2009）发现，当被注视的双字词及其右侧词在 80ms 后同时消失，会对其正常阅读产生较大干扰。也有研究得出了不同的结果，刘志方等（2011）的研究发现，被注视词（词 n）的呈现时间达到 5055 ms 时，n-1 词的消失会严重影响被试的阅读，而 n+1 和 n+2 词的消失不会影响总的阅读时间，反而会导致阅读者眼动模式的改变。因此，研究者推测汉语阅读者在阅读知觉广度内对词语采取平行加工的方式。

第二节　阅读障碍儿童词汇阅读的眼动研究

一、阅读障碍与学习困难

Thomson 和 Watkins（1990）将发展性阅读障碍定义为一种严重的书面语言的加工困难。这一困难与智力、文化和情感无关，具体表现为个体的阅读、写作和拼写能力远低于同等智力和年龄水平的个体。阅读障碍是一种认知障碍，影响个体对书面语言技能的使用。该定义从认知角度出发，并且涵盖患有阅读障碍的儿童和成年人。阅读障碍者不仅在处理语言相关任务上存在缺陷，而且在处理认知相关任务上也存在缺陷。比如，短时记忆任务、声音加工任务、协调与动机任务、视觉加工任务（Nicholson & Fawcett，1990）。阅读障碍者在以下活动均表现出加工困难：读写文本、文本组织和时间安排、记忆项目顺序、长时间集中精力、理解书面或口语单词、识别和回忆文本、查找和定位文本信息。对于阅读障碍者来说，对电子材料的加工可能与对纸质材料的加工同样困难。尽管已经有研究证明电子材料可以帮助阅读障碍个体，但是他们在执行特定任务时仍然会表现出困难。具体表现为阅读速度缓慢、字词误读、文本信息定位困难、精力无法集中、学习新词困难、命名物体困难、对文字或语音表征建立联系困难、单词或符号顺序的学习困难，字母、单词甚至短语的位置颠倒。

（一）阅读障碍的符号表征困难

研究证明，阅读障碍者不仅在单词读写方面存在困难，一些阅读障碍者在使用数学符号表征时也遇到困难。Gillis 等人（1995）发现，超过一半的阅读障碍者存在数学学习困难。阅读障碍者在学习数学过程中的困难包括：对数字和公式的长时记忆缺陷、较差的计算能力、难以提取和应用定理和公式、数学运算过程的逻辑混乱、利用发散思维寻求答案的困难、难以加工数学问题的全部信息、难以解决排序问题、难以理解包含大量文本的数学问题、数学概念的同义词替换困难（例如，质数 / 素数）、记忆和检索数学概念的困难、数学名词与其符号表达的转换困难、对数学符号的感知困难（例如，3/5 × 2）、数字的定位困难、课堂笔记缺失信息。阅读障碍学生表现出的困难也随时间而变化。多年来，一直有研究者使用多感官呈现材料的方法，帮助阅读障碍的学生提升其阅读能力（Miles & Miles，1999）。尽管这种方法取得了一定的效果，但材料的多感官呈现会导致个体产生较大的认知负荷，这一方法并不适用于所有的阅读障碍者。

（二）阅读障碍的音韵学障碍

1. 阅读障碍与视觉空间注意

音韵学加工缺陷是阅读障碍产生的重要原因之一。个体的音韵学加工能力能够预测其阅读成绩，并且，对个体的音韵学能力进行干预能够改善其阅读成绩。但是，音韵学技能的缺失不是阅读障碍的病因。某些阅读障碍者的表现与音韵学技能无关，例如，阅读障碍者的阅读错误常发生在不规则的单词，而非假词上（Castles & Coltheart，1993）。而阅读假词的障碍也不一定是音韵学加工缺陷导致的。有研究发现，有脑损伤的儿童和成人虽然在假词阅读方面存在困难，但在音韵意识方面表现良好（Castles & Coltheart，1993；Tree & Kay，2006）。这些证据都不支持音韵学加工缺陷和阅读障碍之间存在因果关系。有研究者认为，对于音韵表征形式本身的加工，阅读障碍者并未表现出困难，但是在获取这些表征形式时可能会出现任务特定的加工困难（Ramus & Szenkovits，2008）。未来的研究需探索其他认知和神经生理因素的可能影响，为阅读障碍的因果关系提供更直接的证据。

阅读障碍的特征之一是较差的音韵敏感性，阅读障碍者的认知系统无法根据当前文本的信息反馈调整语音表达。阅读障碍者在阅读过程中常表现出字母的顺序错误和单词的字母换位，其对文本各部分进行空间排序的成绩能够预测其阅读表现（Pammer et al.，2004）。然而，阅读障碍者对于字母顺序的加工困难无法单单依靠音韵学加工缺陷来解释。字母的排序对于大脑来说不是一件容易的事情，基于模式识别和物体识别的神经生理学的研究表明，下颞新皮层区域的神经元涉及模式识别的加工过程，通常具有较大的恒定性（Boussaoud et al.,1991）。位置恒定性有助于个体识别物体，因为个体在识别物体过程可以不考虑其在视野中位置的影响，但是在识别单词中字母顺序的情况下，该特性会导致单词的字母序列相关的信息丢失。但是对阅读正常者而言，此类信息显然得到了很好的保存和加工。这是如何实现的呢？存在两种可能的解释：①大脑以某种方式将每个字母的相对位置信息标记；②字母被按顺序识别，物体识别系统一次只处理一个或几个字母，然后再处理后面的字母。通过这种加工的时间顺序存储了字母的空间顺序。目前没有直接的证据支持第一种解释，而第二种解释与许多神经生理学和心理生理学研究一致。

世界上已知的最早的文字是在约公元前3400年由苏美尔人所创的楔形文字。对文字的阅读历史更短，因此不太可能是进化的直接产物。因此，学习阅读是对神经机制的训练，与阅读相关的神经认知功能是本领域研究的重点。在视觉信息混杂的世界中，只有少部分目标具有使得它们从场景中显现出来的独特功能。因此，个体通常以随机的方式在整个场景中进行一系列的搜索。该过程每次只识别并标记一个物体的某一特定属性，如物体的形式、颜色、运动和大小等。每个目标的串行搜索过程在15 ms ~ 44ms，并且这与阅读文本中每个字母的平均速度处于同一水平（Horowitz & Wolfe，1998）。儿童学习阅读需要花费很长时间，视觉搜索的目标通常是随机的，并且没有系统地部署在整个视野，训练视觉搜索机制使得儿童能够按照每个单词的字母之间足够精细的空间比例从左到右依次进行阅读（Horowitz & Wolfe，1998）。有研究表明，个体通常不是从整体来阅读单词，而是按顺序阅读其中的一个字母或一组字母（Pelli & Tillman，2003）。

已有研究发现，阅读障碍儿童存在视觉搜索受损的情况（Vidyasagar & Pammer，1999）。而且，研究已经发现阅读障碍儿童的视觉空间注意存在一系列问题（Ronconi et al.，2020）。阅读与视觉搜索具有相同的机制，阅读也是将视觉场景中的局部元素进行选择和串联，这说明个体对字符串空间顺序的敏感程度可能预测其阅读能力（Pammer et al.，2004）。

2. 阅读障碍与语音缺陷的因果关系

音韵意识的发展可能取决于视觉系统是否能正常输入字素—音素对应关系。有证据表明通过正字法训练能够增强音韵意识（Johnston et al.，1996）。由于正字法训练同时促进了音韵意识和阅读技能的发展，所以音韵意识会对阅读能力具有预测作用。这可能是通过两种方式实现的：①通过将单词分割为各个字素会促进字素—音素对应关系的加工过程，从而提高个体的音韵意识。②视觉和听觉输入的多通道整合使得个体增强微调声音及处理不断变化的声音输入的能力（Vidyasagar & Parmmer，1999）。

由于阅读障碍者无法将文本信息解析为字素，因此，与字素—音素对应关系相关的大脑区域可能显示出活动的降低，而其他脑区可能会出现代偿性活动的增加。因此，阅读障碍者某些脑区神经活动的改变不能够表明这些脑区是关键缺陷区，这些脑区可能是由于代偿性活动而发生改变的。关于阅读障碍的脑成像研究发现，大脑后部区域，特别是角状回、上弓状回、颞上回的后部以及枕中和颞中回在阅读障碍者身上表现出降低的活动，而左下额回显示出增强的活动（Shaywitz，1996）。Vidyasagar 和 Pammer（2010）认为字素—音素对应的后部脑区活动的减少仅仅是由于信息输入较差所致。有证据表明，阅读障碍者在阅读的早期加工阶段，存在脑区激活的延迟甚至缺失（Salmelin et al.，1996）。

然而，视觉加工缺陷可能属于一般性时间加工缺陷的一部分，这可以解释阅读障碍儿童中听觉加工缺陷的发生率较高（Tallal，1980）。学习障碍者的时间加工异常与脑干活动异常有关，这表明这种活动异常就有所体现。然而，阅读障碍者的听觉缺陷可能是因为他们难以集中空间听觉注意力，而不是一般性时间加工本身的缺陷（Nittrouer，1999）。因此，阅读障碍个体的语音意识受损可能有很多原因，而阅读障碍本身可能主要源于异常的视觉注意。

较差的音素意识可能会增加阅读困难，但这并不是造成阅读障碍的主要因素。关于听觉时间加工训练能否提高阅读技能仍存在争议（Temple et al.，2003）。研究者严格控制各种影响因素后发现，听觉加工时间训练可以改善听觉加工能力，但不能提高阅读技能（McArthur et al.，2008）。因此，尽管一般性时间加工缺陷可能会导致对听觉信号的加工变慢，但产生阅读困难的主要原因可能存在于视觉系统，而听觉缺陷会加剧这一困难。有研究者在 7～12 岁儿童中发现，颞中部脑区的激活与音素意识显著相关（Ben-Shachar et al.，2007）。

对阅读障碍与阅读能力发展之间因果关系的验证是十分困难的，这需要研究者在一项纵向设计中证明阅读障碍早于阅读能力发展出现，并能够预测阅读能力发展，同时通过合适的训练帮助阅读能力的提升。相关研究发现，对连贯运动不敏感的学龄前儿童入学后的识字能力也较差（Boets et al.，2006）；儿童的物体对比敏感性可以预测其未来的阅读能力（Kevan & Pammer，2009）；儿童的时间顺序判断能力可预测其单字阅读能力，并且，阅读障碍风险儿童对连贯运动敏感性显著低于控制组儿童（Wang，2020）。

有很多研究者对阅读障碍儿童进行训练干预。Fischer 和 Hertnegg（2000）对儿童进行了一项为期三周的控制扫视训练。通过训练后发现，阅读障碍儿童的控制扫视趋于正常水平，和对照组一致。但是，还没有任何研究发现视觉改善可以促进阅读能力提高。Solan 等人（2004）使用视觉感知任务对阅读障碍者进行训练。他们发现，训练后阅读障碍者的阅读理解和单词习得能力显著提高。但这种训练同样改善了认知策略，因此这一结果很难说明视觉感知任务是阅读能力改善的原因。Lorusso 等（2006）使用一种新的训练方法，他们要求儿童根据刺激在左右视野的位置快速地进行注意转移。与使用视觉感知训练方法的对照组相比，新的训练方法显著提高了阅读障碍儿童的阅读准确性和速度。但是该研究检测训练效果所使用的刺激是先前训练阶段呈现过的。因此，这样的训练看起来改善效果很好，但仍需进行比较研究，以探究视觉训练对阅读能力的影响。此外，未来研究需要进一步探究对非阅读障碍个体进行视觉训练是否有助于阅读习得，以及这种视觉训练对阅读能力持续增长的适应关系。

阅读障碍是否是视觉编码缺陷导致的？研究发现并不是所有阅读障碍者都表现出大脑背侧功能障碍。要解释这一问题就需要未来进行更广泛的研究，以探究视觉训练是否可以有效地改善阅读障碍者的阅读能力，以及大脑背侧编码的哪些方面是与阅读过程紧密相关的。阅读是一项由多感官参与、涉及多种认知过程的行为。未来的研究还需要解决视觉与阅读相互反馈的问题，即视觉编码的发展促进了阅读能力的提升，同时阅读本身也以视觉编码的方式促进了视觉编码的发展。

二、阅读障碍与阅读材料类型的关系

（一）新媒体与阅读障碍

Alty（2002）的研究结果表明，基于信息技术的新媒体学习材料可能会对学生的学习效果产生重大影响，当使用不同的新媒体组合教学时，媒体会对学习风格各异的学生的学习效果产生重大影响。这一结论也得到了其他研究的支持（Beacham et al.，2002）。电子学习材料可能会对学生的信息理解产生重大影响（Najjar，1996）。Alty（2002）的研究结果表明，当学习材料以新媒体形式传递给非阅读障碍者时，最有效的媒体组合是声音配图表；但对于阅读障碍者而言，并未发现特别有效的组合。Alty（2002）

认为，学习材料中包含了文本以及其他非文本形式的材料，而阅读障碍者对文本的加工本身就存在困难，不同媒体组合呈现的学习材料对阅读障碍者和非阅读障碍者产生的影响可能是不同的。预期阅读障碍学生仅会表现出阅读文本材料的困难，但结果表明，他们在学习文本、图表和声音材料时都出现了困难。有趣的是，某些阅读障碍学生学习文本材料的表现优于学习文本和图表形式结合的材料。研究者发现，对于阅读障碍学生，呈现文本或呈现图表形式的学习材料可能都不是最有效的方法。

Alty（2002）的结果发现了许多新的问题。首先，基于信息技术的新媒体学习材料对阅读障碍学生和对非阅读障碍学生的影响不同；其次，应该为阅读障碍学生设计专门的电子学习材料。尽管在 Alty（2002）的研究中阅读障碍者相对较少，但结果发现，材料类型组合会影响阅读障碍学生的学习成绩。如果这些结论能够被广泛验证，则需要考虑电子学习材料的设计和组织方式。这项研究之后，很少有研究去探究媒体类型对阅读障碍者的影响。为了改善阅读障碍者的学习困难，需要更多的研究者关注这种媒体效应。

未来研究应探究新媒体学习材料对阅读障碍者和非阅读障碍者是否都适用。目前，有两种截然相反的观点：有些研究者认为阅读障碍者和非阅读障碍者可以使用同一套教学材料，而有些研究者认为应该给阅读障碍者提供单独的教学材料。然而，在实际应用中，几乎没有学校为阅读障碍学习者准备单独的教学材料。

（二）阅读障碍与正字法规则

阅读障碍的一个典型症状是正字法加工效率低下，尤其是单字识别存在缺陷，并且，这种缺陷在整个成年期都会持续存在（Lefly & Pennington，1991）。在当代教育环境中，电子学习材料越来越普及，材料中经常包含各种信息、图形，例如数字、表格、图表和图形（Bergey，Cromley，&

Newcombe, 2015)。先前的许多研究都表明，图形有助于读者的理解和学习。例如，当图形伴随文字同时呈现时，学习者会快速识别该文本的主题，产生更多的推论和更强的学习动机（Cromley et al.，2010）。因为阅读障碍者存在正字法加工缺陷，所以研究者们假设图形配合文本的呈现方式将弥补正字法加工缺陷，使阅读障碍者更有效地阅读。但是，这一假设尚未完全得到证实。关于阅读障碍者图形理解的研究结果存在矛盾。例如，Beacham 和 Alty（2006）发现，尽管阅读障碍者自我报告他们倾向于阅读图表而非文本，但是与文本和图表共同呈现相比，当以纯文本形式呈现时，他们的学习表现会更好。在最近的一项研究中，Kim 等人（2014）发现，当以图表形式呈现材料时，阅读障碍大学生对相关问题的回答与控制组一样准确，但是阅读障碍组的回答时间更长。这些结果表明，阅读障碍者的图形理解表现与文本阅读表现相似，都出现一种补偿性阅读困难，也就是通过更长的阅读时间保证正确。但对于阅读障碍者来说，图形加工困难是否是因为图形中的正字法信息不明确，目前尚不清楚。

（三）图形与正字法加工

Ainsworth（2006）提出了 DeFT（design，function，task）理论框架，该框架整合了多种表征形式的学习材料的研究结果，发现通过三个基本维度能够最好地理解表征的有效性。

第一个维度，设计所使用的表征形式（例如，图像、文本、动画、声音）；第二个维度，教学功能指导表征在学习中的使用；第三个维度，认知任务，是学习者与表征进行交互时进行的任务。

图形通常表示的是图形和正字法的组合。对于条形图来说，最突出的视觉特征是条形图本身，但是图例和轴通常使用文字进行标注。对条形图的正确解释需要认知整合感知和概念上的表征信息（Carpenter & Shah，1998）。阅读者对图的解释可能受多种因素影响，包括图的复杂性、需要从图获得的信息类型以及个人的技能水平的结合。例如，定点问题要求被试对图形进行字面解释（例如，乔西有多少只乌龟？）。而比较问题则需要更多的推论性解释（例如，乔西有更多的兔子或乌龟吗？）。

通过反应时来测量加工持续的时间，结合眼动技术来测量视觉注视分布，非常适合研究图形解释的速度和效率。例如，Ratwani 和 Trapton（2008）采用反应时作为测量指标，比较大学生对不同图形的加工时间，发现大学生对条形图、线形图的加工时间较短。Kim 和 Lombardino（2015）发现，在处理简单图形（单条形图）和简单问题（字面解释）时，个体加工图形的速度比加工文本的速度快。但是，当呈现更复杂的图形时（双条形图），图形相对于文本的加工优势消失了。眼动数据表明，注视条形图的轴和图例所花的时间比图中条形要多（Kim et al.，2014）。由于条形图是用符合正字法规则的文本标记轴和图例，因此，正字法加工能力的个体差异会影响图形的解释效率。阅读障碍学生比非阅读障碍学生加工图的轴和图例区域的速度要慢（Kim et al.，2014）。阅读障碍者的正字法加工缺陷可能与解释图表困难有因果关系。

三、基于时间和空间维度的眼动研究

阅读障碍的早期研究起源于拼音文字，是对以拼音文字为母语的儿童进行的研究。然而，对汉语阅读障碍的研究相对较晚。以往研究者认为，汉语儿童没有阅读障碍。然而，史蒂文森的跨语言研究发现，阅读障碍不仅存在于拼音文字中，还存在于表意文字中，其发生率并不低于拼音文字。使用汉语的儿童也有阅读障碍，其程度与使用拼音文字的儿童相同。后来的研究也证实了这一点。因此，对汉语阅读障碍的研究日益增多，发现阅读障碍不仅有多种症状，而且汉语阅读障碍儿童可能存在多种认知障碍。

眼睛是阅读活动的生理器官，通过分析眼动数据可以得知眼睛正在注视的内容，进而推测人脑的认知加工活动。研究发现，在阅读过程中，阅读正常者会产生从左到右的短暂的眼跳，并且在阅读过程中会交替出现注视和眼跳，偶尔还会出现从右到左的回视。阅读障碍儿童的眼动特征与阅读正常儿童不同，表现出异常的眼动模式。在汉语阅读实验中，还发现汉语阅读障碍者的眼动模式与阅读正常儿童不同。因此，有必要运用眼动研究方法，对汉语阅读障碍儿童在词汇阅读过程中的眼动特征进行研究，以确定他们在语素理解、发音、正字法等加工缺陷方面的眼动表现。

（一）实验1

1. 研究方法

（1）被试：通过阅读能力教师评价、识字量测试和瑞文标准推理测试三项测试结果来筛选被试。阅读障碍儿童的筛选标准如下：①语文老师评价其阅读成绩位于班级的后 10% 的学生。②用《小学生汉字识别测试系列和评估模式》量表测查，选择识字量成绩低于普通学生 1.5 个年级的儿童。③使用瑞文标准推理测验测查非语言推理能力，选择 IQ 成绩正常的学生作为被试。最后筛选出小学四、五年级共 16 名阅读障碍儿童，另选取 16 名阅读正常儿童，共 32 名被试（男生 20 名，女生 12 名）。平均年龄 12.6 岁（SD=0.52）。视力或矫正视力正常，双耳听力正常，没有神经或情感障碍。所有被试都是右利手。

（2）实验仪器：本实验由一台 Pentium Ⅳ 2.8G 计算机控制，刺激呈现在 19 英寸彩色显示器中央。屏幕分辨率为 1024×768，刷新频率为 100Hz。被试眼睛与屏幕中心的距离为 60cm。显示器上所呈现的材料的汉字大小高为 25 mm，视角为 3.0 度。显示器设置成为白色背景，汉字颜色为黑色。用 ASL504 型眼动仪记录被试的眼动情况，数据采集频率为 60 Hz。眼睛在一个点停留 16 ms 记录为一个凝视点（gaze point），眼睛在一个点停留 100 ms 记录为一次注视（fixation）。用 gaze traker 3.2 软件运行实验程序并同时记录被试正确率和眼动数据。

（3）实验设计和实验材料：本实验采用单因素实验设计，自变量为被试变量，分为阅读障碍儿童和阅读正常儿童。因变量为语素含义辨别的正确率和阅读的眼动指标。

从《现代汉语常用词词频词典》中选取频度在约 100 次 /13 万左右的高频单字词 20 个，其中 10 个单字词需具有两种或两种以上含义，另外 10 个单字词仅具有一种含义。然后再查找含有这些单字词的双字高频词，分为 20 组，每组 3 个，该 3 个词汇中的双字词均含有相同的词素。其中有 10 组词汇中的词素含义不完全相同，另外有 10 组词汇中的词素含义完全相同。这样选取的 20 组词汇以完全随机的方式在屏幕上呈现，每组 3 个词。

（4）实验程序：实验分为练习和正式实验。指导语为："这是一个词义辨别的任务。屏幕上首先会呈现一个注视点，随后呈现一个汉字，接着会呈现一组含有该汉字的词汇，请你认真阅读，并辨别该汉字在该组词汇中的含义是否相同，如果完全相同按'1'键，如果不完全相同按'2'键。一共 20 组，每组 3 个词，每完成 10 组，闭眼休息 30 秒。明白了吗？"确定被试已经掌握了词义辨别的方法后，开始正式实验。

在正式实验的过程中，要求被试独立按键完成，不可向主试发问。实验结束后，主试询问并记录被试采用了哪些策略及其思考过程。

2. 实验结果与分析

用 gaze traker3.2 软件对实验数据进行预处理，用 Microsoft office Excel 2007 软件对导出数据进行管理。用 SPSS13.0 进行统计分析。

（1）阅读正常儿童和阅读障碍儿童语素含义辨别的正确率：对阅读正常儿童与阅读障碍儿童语素含义辨别的正确率进行统计，结果见表 6-1。

表 6-1　阅读正常儿童和阅读障碍儿童语素判断正确率（$M \pm SD$）

类别	阅读正常儿童	阅读障碍儿童	F	p
正确率	0.86 ± 0.06	0.64 ± 0.06	49.40	0.01

如表 6-1 所示，阅读正常儿童语素含义辨别的正确率显著高于阅读障碍儿童，$F(1, 11)=49.40$，$p<0.01$。

（2）阅读正常儿童和阅读障碍儿童阅读过程中各项眼动指标数据的比较

对阅读正常儿童和阅读障碍儿童的各项眼动指标数据进行统计，结果见表 6-2。

表 6-2　阅读正常儿童和阅读障碍儿童眼动指标的比较（$M \pm SD$）

类别	总注视时间（s）	注视次数	注视频率	凝视次数	瞳孔直径（mm）
阅读正常儿童	1.54 ± 0.13	4.89 ± 1.88	1.59 ± 0.44	124.9 ± 44.8	3.70 ± 1.16
阅读障碍儿童	2.23 ± 0.34	7.51 ± 1.65	1.80 ± 0.13	195.3 ± 49.9	4.63 ± 0.67
F	22.39	7.17	1.48	7.06	3.20
p	0.01	0.02	0.25	0.02	0.10

如表 6-2 所示，阅读正常儿童与阅读障碍儿童在词汇阅读过程中，阅读正常儿童的总注视时间显著短于阅读障碍儿童，$F(1,11)=22.39$，$p<0.05$。阅读正常儿童平均注视次数显著少于阅读障碍儿童，$F(1,11)=7.17$，$p<0.05$。阅读正常儿童的凝视次数显著少于阅读障碍儿童，$F(1, 11)=7.06$，$p<0.05$。

结果显示，阅读障碍儿童语素含义辨别的正确率显著低于阅读正常儿童；注视时间、注视次数、凝视次数这三项指标上，两组之间也存在显著差异。这说明阅读障碍儿童的语素意识低于阅读正常儿童。有效注视频率和瞳孔直径反映了儿童阅读词汇的集中程度，这两个指标在两组间没有显著差异，说明两组儿童都能专注于词汇的阅读和理解。但阅读障碍儿童在其他指标上仍落后于阅读正常儿童，说明他们可能存在与智力无关的认知缺陷——语素缺陷。

（二）实验 2

1. 研究方法

（1）被试

被试筛选标准同实验 1。

（2）实验设计和实验材料

采用 2（组别）× 2（材料类型）的混合实验设计。组别为被试间变量，材料类型为被试内变量。组别包括阅读障碍儿童和阅读正常儿童。材料类型包括真词和假词（假词是含有一个错别字的双字词）。

选词来源、频度、笔画数限制均同实验 1。将所选取真词中的第二个词素用笔画相近的高频同音字代替，例如，“宰相”的“相”用其同音字“巷”来代替。既是同音词又是形近词的词不在选词范围内（如“脑”和“恼”），避免影响实验结果。形成真、假两组词汇，两组词词频相同，每组 30 个。将全部 60 个词完全打乱分成 20 组，每组 3 个词，包括 1~2 个假词。20 组词完全随机呈现。

（3）实验仪器及实验程序

实验 2 给被试真、假词识别的任务，实验仪器和其余程序同实验 1。

2. 结果与分析

（1）阅读正常儿童和阅读障碍儿童判断的正确率比较

对阅读正常儿童和阅读障碍儿童真、假词判断正确率进行统计，结果见表 6-3。

表 6-3　阅读正常儿童和阅读障碍儿童真、假判断正确率（$M \pm SD$）

类别	阅读正常儿童	阅读障碍儿童	F	p
正确率	0.90 ± 0.05	0.67 ± 0.07	65.20	0.01

如表 6-3 所示，阅读正常儿童的真、假词个数辨别的正确率高于阅读障碍儿童，且两组间差异显著，$F(1,15)=65.20$，$p<0.01$。

（2）阅读正常儿童和阅读障碍儿童阅读过程中各项眼动指标数据的比较

对阅读正常儿童和阅读障碍儿童在词汇阅读过程中的各项眼动指标数据进行重复测量方差分析，结果见表 6-4。

表 6-4　阅读正常儿童与阅读障碍儿童各项眼动指标的比较（$M \pm SD$）

指标	阅读正常儿童		阅读障碍儿童	
	真词	假词	真词	假词
总注视时间 ±s	1.05 ± 0.18	1.46 ± 0.46	1.69 ± 0.56	2.32 ± 0.70
注视次数	2.75 ± 0.52	3.36 ± 0.97	4.23 ± 1.13	5.58 ± 1.45
注视频率	2.72 ± 0.36	2.78 ± 0.54	2.68 ± 0.26	2.59 ± 0.46
凝视次数	72.56 ± 12.67	86.11 ± 19.79	102.32 ± 28.73	143.09 ± 36.79
瞳孔直径 ±mm	4.27 ± 0.70	4.33 ± 0.71	4.01 ± 0.50	4.11 ± 0.38

如表 6-4 所示，阅读正常儿童真、假词阅读的总注视时间显著少于阅读障碍儿童，方差检验发现组间差异显著，$F(1,15)=10.42$，$p<0.01$。词性间差异显著，$F(1,15)=29.26$，$p<0.01$。阅读正常儿童阅读真、假词的注视次数均显著少于阅读障碍儿童，$F(1,15)=15.61$，$p<0.01$。两组儿童阅读真词的注视次数均显著少于假词的注视次数 $F(1,15)=16.00$，$p<0.01$。阅读正常儿童的真、假词凝视次数均显著低于阅读障碍儿童，$F(1,15)=14.29$，$p<0.01$。两组儿童阅读真词的凝视次数均显著低于假词，即词性的主效应显著，$F(1,15)=20.48$，$p<0.01$。组别和词性的交互作用显著，

$F(1,15)=5.14$，$p<0.05$。

阅读障碍儿童在注视时间、注视次数、凝视次数这三项指标上均与阅读正常儿童存在显著差异，表现在注视时间较长、注视次数和凝视次数较多。两组被试在注视频率和瞳孔直径上无显著差异说明此任务的难度对所有被试来说都较大，阅读障碍儿童并非因不用心阅读材料才导致其成绩差于阅读正常儿童，而是因为存在语音加工方面的缺陷。另外，词性在几项眼动指标中的主效应均显著，说明阅读假词的难度明显大于真词。除凝视次数外，而词性与组别的交互作用不显著，这一点与 Maria 等的研究结果不同，这可能是因为我们所使用的材料都是双字词，词长只有 2 个汉字，这样使得阅读障碍儿童阅读时所采取的策略是与阅读正常儿童相同的。另外，还可能因汉字与拼音文字之间的本质区别，阅读障碍儿童可以通过字形而直接获得字义，只有必须通过语音加工才能判断真、假词时，阅读障碍儿童才会表现出明显的语音缺陷。

（三）实验 3

1. *研究方法*

（1）被试及实验设计

同实验 2。

（2）实验材料

选词来源、频度、笔画数限制均同实验 1。将所选取真词中的第 2 个词素用笔画相近的高频形近字代替，例如，“视线”的“线”用其形近字“浅”来代替，选词范围同实验 2。最后形成两组词汇，每组词的个数、分组方式、呈现方式同实验 2。

（3）实验仪器及实验程序

同实验 2。

2. 结果与分析

（1）阅读正常儿童和阅读障碍儿童真、假词判断的正确率比较

比较阅读正常儿童和阅读障碍儿童真、假词判断正确率，结果见表6-5。

表 6-5　阅读正常儿童和阅读障碍儿童真、假词判断正确率（$M \pm SD$）

类别	阅读正常儿童	阅读障碍儿童	F	p
正确率	0.86 ± 0.07	0.65 ± 0.09	0.65 ± 0.09	0.01

如表6-5所示，阅读正常儿童的假词识别正确率高于阅读障碍儿童，且两组差异显著，$F(1,13)=24.69$，$p<0.01$。

（2）阅读正常儿童和阅读障碍儿童阅读过程中各项眼动指标数据的比较

对阅读正常儿童和阅读障碍儿童在词汇阅读过程中的各项眼动指标数据进行统计，结果见表6-6。

表 6-6　阅读正常儿童与阅读障碍儿童各项眼动指标的比较（$M \pm SD$）

指标	阅读正常儿童		阅读障碍儿童	
	真词	假词	真词	假词
总注视时间 ±s	0.93 ± 0.20	1.08 ± 0.12	1.42 ± 0.28	1.72 ± 0.70
注视次数	2.69 ± 0.54	2.85 ± 0.33	3.44 ± 0.71	3.61 ± 1.01
注视频率	3.03 ± 0.29	2.68 ± 0.22	2.68 ± 0.45	2.33 ± 0.29
凝视次数	71.4 ± 14.3	77.0 ± 9.9	88.1 ± 19.0	88.1 ± 19.0
瞳孔直径 ± 像素	4.16 ± 0.62	4.12 ± 0.59	4.61 ± 0.53	4.63 ± 0.49

阅读正常儿童真、假词阅读的总注视时间显著少于阅读障碍儿童。经过方差分析发现，组间差异显著，$F(1,13)=10.19$，$p<0.01$。词性的主效应显著，$F(1,13)=6.60$，$p<0.05$。阅读正常儿童阅读真、假词的注视次数显著少于阅读障碍儿童，差异显著，$F(1,13)=5.44$，$p<0.05$。阅读

正常儿童词汇阅读的有效注视频率显著高于阅读障碍儿童，$F(1,13)=5.00$，$p<0.05$。真词的注视频率显著高于假词的注视频率，$F(1,13)=37.24$，$p<0.01$。

阅读障碍儿童真、假词判断的正确率明显低于阅读正常儿童，可见，阅读障碍儿童对汉字字形的把握不够准确，注视时间较长、注视次数较多，注视频率较低，说明其字形意识较差，存在正字法意识的缺陷。两组存在注视频率的显著差异，而在语音意识的研究中，两组间差异并不显著，这可能是因为对字形的辨别更容易，而语音任务中，必须有“形—音”和“音—形”的转化过程，使得难度加大。两组的凝视次数和瞳孔直径的差异不显著，说明两组被试提取信息时难度相当，在阅读时的专注度相同。词性的主效应在注视时间和注视频率两项指标上显著，在注视次数、凝视次数、瞳孔直径这三项指标上不显著，可能因为假词更容易识别。词性与组别的交互作用不显著，证明阅读障碍儿童在进行字形辨别时，并不需要形—音转化。这一点与拼音文字研究有所不同，汉语阅读障碍儿童的字形意识的缺陷主要是表现在对汉字结构和笔画的掌握上存在缺陷，与语音无关。

（四）结论

实验 1 发现汉语发展性阅读障碍儿童的语素缺陷可以独立于语音意识和字形意识。这与 Ku 和 Anderson（2003）对儿童词结构的认识的研究结论是一致的，语素意识在汉语学习的过程中确实比在英语学习中更重要，语素意识缺陷可能是汉语阅读障碍儿童的主要缺陷。实验 2 中两个组的注视时间、注视次数和凝视次数三项眼动指标差异显著，表明在形到义、义到形的通达过程中，阅读障碍儿童的形—音—义之间的连接较弱，通达速度较慢，不容易被激活。而阅读正常儿童可以在形—音—义之间灵活地进行转换，也从另外一个角度说明阅读障碍儿童存在语义通达缺陷。这一点与周晓林和孟祥芝（2001）的研究结果基本一致。我们认为，汉语阅读障碍儿童之所以存在语音意识缺陷，是因为：其一，汉语中存在大量的同音字，很容易混淆；其二，汉语是声调语系，四种声调存在的差别细微，增加了语音学习难度，导致儿童在阅读能力发展过程出现语音意识缺陷。实验 3 中两组儿童在假词识别的正确率指标和注视时间、注视次数和注视频率等眼动指标上差异显著，结果表明，汉语发展性阅读障碍儿童存在正字法意识缺陷。我们用眼动实验来验证了正字法意识缺陷不仅是汉语发展性阅读障碍的一个亚型，而且是一个主要的缺陷类型。

本研究通过眼动的方法对可能导致发展性阅读障碍三种主要因素——语素意识、语音意识和正字法意识进行了研究，打破了以往眼动研究多从篇章和句子入手揭示差异的研究模式，从词汇入手揭示造成眼动模式差异的成因，使研究更加细致。结合三个实验，可以发现语素意识与阅读理解能力密切相关。不理解词汇中语素的意义会影响对词汇整体意义的理解，从而影响对句子和文本的理解。"形—音—义—形"的转换困难和通达缺陷是造成语音意识缺陷的主要原因。汉字的结构和笔画比较精细和复杂，儿童在学习汉字的过程中如果不能仔细地观察和清晰地记忆汉字的结构和笔画，就很容易将字写错，不能准确地识别和书写汉字。这同样会导致阅读障碍，并影响其阅读能力的正常发展。本研究利用眼动技术，从另外一个角度证明了汉语阅读障碍的缺陷在以上三个方面都存在。

四、基于反射性和自主性眼跳的研究

（一）实验 1

1. 研究方法

（1）被试

本实验的被试为预实验中筛选出来的阅读障碍组儿童 22 人，以及年龄控制组儿童 25 人。所有被试参加实验均得到学校老师和儿童家长的同意，以及伦理委员会的允许。所有被试均不知道实验目的。实验结束后，向每位被试赠送一份小礼物。

（2）实验仪器

实验采用 Tobii x120 型眼动仪呈现实验材料并记录眼跳数据。显示器为 21 英寸液晶显示器，屏幕刷新频率为 120Hz，分辨率为 1440 × 900 像素，被试眼睛与屏幕之间的距离约为 70cm。所有实验过程中采用低度照明环境。

（3）实验材料和实验设计

实验材料：屏幕背景为白色，中心注视点“+”长和宽为 10 mm，颜色为黑色，目标刺激是一个直径为 5 mm 的黑色圆点。

实验设计：本实验为屏幕中央首先呈现注视点“+”，持续时间为 800ms，目标刺激随机出现在屏幕的左侧或右侧。目标刺激以“方波”形式呈现，“方波”的频率为 1Hz。正式实验分为三个区组，分别进行三次实验，三次实验的顺序也进行了平衡设计。区组 1 的目标刺激呈现在离中央注视点左或右 5° 的偏心距上；区组 2 的目标刺激呈现在离中央注视点左或右 10° 的偏心距上；区组 3 的目标刺激呈现在离中央注视点左或右 15° 的偏心距上。每个区组中目标刺激出现的左右位置进行了平衡设计。一个区组中包含 30 个试次，被试一共进行 90 个试次，每个区组完成之后，被试可以休息 2min。实验 1 的单次实验流程如图 6-1 所示。

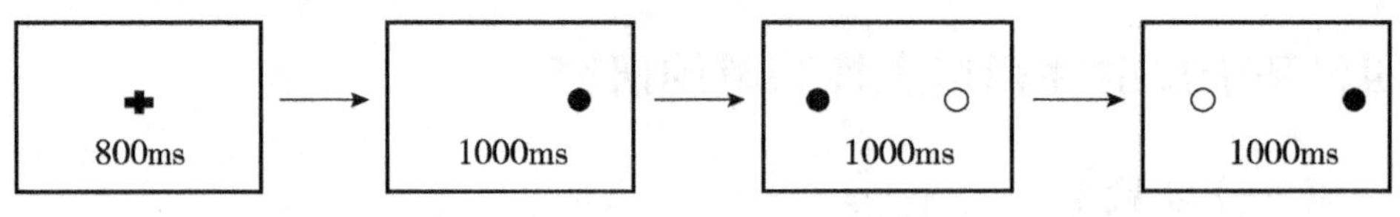

图 6-1　实验 1 单词实验流程示意图

（4）实验程序

第一，邀请被试进入实验室，询问姓名、年龄，接着对被试进行眼校准。实验采用九点校准，达到“绿色”标准后开始实验。在实验过程中要求被试的下颌一直放在下颌托上，以防头部发生较大幅度的运动。

第二，显示器上呈现指导语，主试朗读和解释指导语。指导语如下："感谢小朋友来参加这次测试！测试开始时，屏幕上会出现一个'+'，请你盯着它看；接着会出现一个圆点，请你又快又准确的看向这个圆点；接着又会和之前一样，请你认真地完成每一次测试。"

第三，讲解完后，询问被试是否理解实验流程，如果不理解则重复讲解，直至被试理解实验流程。如果被试理解了，就开始练习实验，练习次数为 10 次。

第四，练习结束后，询问被试是否准备好，准备好后进入正式实验。

2. 结果与分析

使用 Tobii x120 自带软件记录眼动数据并导出，用 Microsoft Office Excel 2007 软件对数据进行管理，然后使用 SPSS 20.0 对数据进行统计分析及处理。

排除因被试头动幅度过大或眼镜反光等因素导致眼动仪未能记录到的眼跳试次，以及极端数据。本研究以平均数加减 3 个标准差之外的数据为极端数据。根据以上标准，删除的数据占总数据的 6.25%。

（1）阅读障碍组和年龄控制组被试的整体眼跳潜伏期

描述性统计结果见表 6-7。

表 6-7　两组被试在预测性眼跳任务中各类型眼跳潜伏期（单位：ms）（$M \pm SD$）

眼跳类型	年龄控制组	阅读障碍组	t	p	Cohen's d
错误期待眼跳	–361 ± 39	–367 ± 28	1.07	0.295	0.48
预测性眼跳	–109 ± 34	–96 ± 48	0.80	0.433	0.33
规则性眼跳	222 ± 14	224 ± 12	0.55	0.585	0.22
错误延迟眼跳	364 ± 59	392 ± 74	0.97	0.345	0.43
错误眼跳	–278 ± 226	57 ± 36	1.12	0.343	1.32

阅读障碍组整体眼跳潜伏期（*M*=13.80，*SD*=15.78）长于年龄控制组（*M*=−61.49，SD=5.04）。对两组被试的整体眼跳潜伏期进行 *t* 检验，结果显示，整体眼跳潜伏期的被试类型差异显著，*t*（45）=2.29，*p*=0.045，Cohen's *d*=0.69。

两组被试的各类型眼跳潜伏期均不显著，无统计学意义，详细结果见表 6-8。

（2）阅读障碍组和年龄控制组被试的各类眼跳发生率

对两组被试的各类眼跳发生率进行统计，描述性统计结果见表 6-8。

表 6-8　两组被试在预测性眼跳任务中各眼动指标发生率（单位：%）（$M \pm SD$）

眼动指标	年龄控制组	阅读障碍组	*U*	*p*	*Z*
预测性眼跳	61.18 ± 7.23	45.72 ± 12.69	26.00	0.003	3.00
规则性眼跳	24.54 ± 9.40	36.85 ± 14.35	132.00	0.014	2.44
错误期待眼跳	12.71 ± 7.01	10.17 ± 7.91	69.00	0.448	0.80
错误延迟眼跳	1.40 ± 1.37	6.40 ± 5.71	146.00	0.001	3.17
错误眼跳	0.17 ± 0.41	0.85 ± 2.18	93.50	0.650	0.67

对两组被试的眼跳发生率进行统计分析，结果发现：阅读障碍组的预测性眼跳率显著少于年龄匹配控制组，被试类型差异显著，Mann-Whitney U=26.00，*p*=0.003；在规则性眼跳率上被试类型差异显著，Mann-Whitney U=132.00，*p*=0.014；在错误延迟眼跳上被试类型差异显著，Mann-Whitney U=146.00，*p*=0.001；两组被试在错误期待眼跳率和错误眼跳率上差异均不显著，$ps > 0.05$，无统计学意义。

（3）为了进一步比较两组被试在预测性眼跳任务中的眼跳发展进程，本研究将两组被试按时间顺序发生的眼跳潜伏期进行了平均，结果如图 6-2 所示。

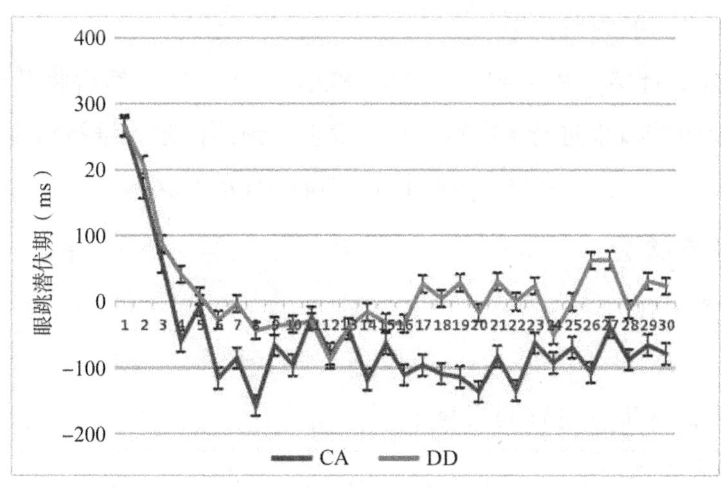

图 6-2　两组被试顺序眼跳潜伏期

从图 6-9 可以看出，两组被试基本都在第三次目标视觉刺激出现后产生了预测眼跳。在前 15 个试次中，两组被试眼跳表现差异较小，而在后 15 个试次中，两组被试的眼跳潜伏期出现明显差异，波幅差异较大。在形成预测性眼跳后，年龄控制组的眼跳潜伏期基本都保持在较短的状态，大致维持在 −200 ms ~ 0ms，变化也比较稳定；而阅读障碍组的眼跳潜伏期大致保持在 0ms 以上，波动较大。

然而以上数据为描述性数据，为了得到统计学上的支持，本研究估计了预测性眼跳维持的可能性。有些研究发现，一旦预测性眼跳成功建立，即使之后不再呈现规则的目标刺激，眼跳行为仍然可以变得独立并且能够持续一段时间（Biscaldi et al.，2000；Bucci et al.，2008）。所以，为了比较两组被试预测性眼跳维持可能性，本研究采用如下条件概率公式来进行估算。在公式中，假设用 i 来代表预测性眼跳，那么 i+1 表示产生一次预测性眼跳后仍然是预测性眼跳，就可以使用公式（$Si+1=P$）：$P(Si+1=P|Si=P)=(m/M-1)(M/N)$ 来计算。其中 $Si=P$ 表示维持预测性眼跳的几率，M 是预测性眼跳发生的次数，m 是预测性眼跳发生之后仍然是预测性眼跳

的次数，N 是总的眼跳次数。

根据公式计算，PCA=32.87070，PDD=15.89070。然后将两组被试的预测性眼跳维持概率进行 t 检验，结果发现，预测性眼跳维持概率的被试类型差异显著，t（45）=3.15，p=0.003，Cohen's d=1.064。

（二）实验 2

1. 研究方法

（1）被试

被试筛选标准及过程同实验 1。

（2）实验仪器

与实验 1 相同。

（3）实验材料和实验设计

实验材料：屏幕背景为白色，中心注视点"+"长和宽为 10 mm，颜色为黑色，视觉刺激是直径为 5 mm 的红色圆点，反馈点是直径为 5 mm 的黑色圆点。

实验设计：首先，在屏幕中心呈现注视点"+"，持续时间为随机的 2000 ms～3000 ms（10 个随机点）；注视点"+"消失后，呈现空屏，持续 200 ms；然后，呈现视觉刺激，视觉刺激会随机地出现在注视点左侧或右侧，偏心距为 5°、10° 或 15° 的位置上，持续时间为 1000ms。此实验要求被试不要注视呈现的视觉刺激，而是要注视与视觉刺激相反方向的等距离位置。当视觉刺激消失后，立即在正确位置呈现一个反馈点，持续 200 ms，以告诉被试正确的眼跳位置，接着进行下一个试次。本实验一共 36 个试次。实验 2 的单次流程如图 6-3 所示。

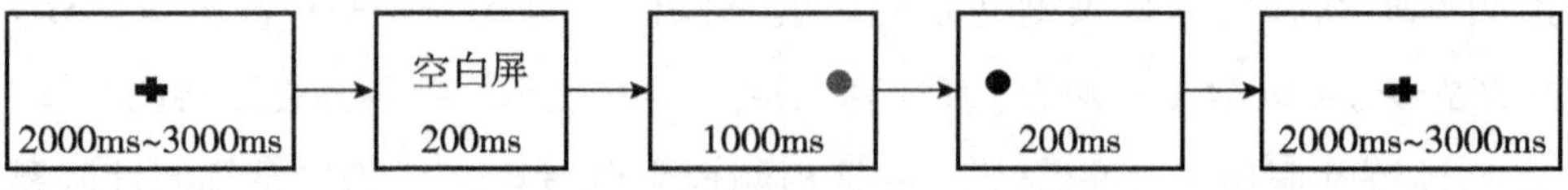

图 6-3　实验 2 单次实验流程示意图

（4）实验程序

除指导语外，其余程序与实验1相同。指导语如下："感谢小朋友来参加这次测试！测试开始时，屏幕上会出现一个'+'，请你看着它，接着在屏幕上会出现红色的圆点，请你不要朝它看，而是要往方向相反，但距离相等的位置看。比如，红色的圆点出现在右边的一个位置，眼睛就看向左边，相同距离的位置。然后，会出现黑色的圆点告诉你正确的位置。"

2. 结果与分析

使用Tobii x120自带软件记录眼动数据并导出，用Microsoft Office Excel 2007软件对数据进行管理，然后使用SPSS 20.0对数据进行统计分析及处理。排除因被试头动幅度过大，或眼镜反光等因素导致眼动仪未能记录到的眼跳试次，以及极端数据。本研究以平均数加减3个标准差之外的数据为极端数据。根据以上标准，共删除的数据占总数据的3.55%。

（1）两组被试在反向眼跳任务中，各眼动指标潜伏期如表6-9所示。

表6-9 两组被试在预测性眼跳任务中各类型眼跳潜伏期（单位：ms）（$M \pm SD$）

眼跳类型	年龄控制组	阅读障碍组	t	p	Cohen's d
反向眼跳	455 ± 76	503 ± 103	1.181	0.076	0.54
修正反向眼跳	580 ± 53	617 ± 64	2.10	0.041	0.62
错误眼跳	494 ± 255	492 ± 280	0.023	0.982	0.01
整体眼跳	551 ± 50	598 ± 57	2.99	0.004	0.88

将两组被试的眼跳潜伏期进行统计分析，结果发现，修正反向眼跳潜伏期的被试类型差异显著，t（45）=2.10，p=0.041，Cohen's d=0.62；整体眼跳潜伏期的被试类型差异显著，t（45）=2.99，p=0.004，Cohen's d = 0.88；但反向眼跳潜伏期的被试类型差异不显著，没有统计学意义，t（45）= 1.181，p=0.076，Cohen's d =0.54。

（2）两组被试在反向眼跳任务中，各眼动指标的发生率如表6-10所示。

表 6-10 反向眼跳任务中各眼动指标的发生率（单位：%）（*M*±*SD*）

眼动指标	年龄控制组	阅读障碍组	*U*	*P*	*Z*
修正反向眼跳	73.89 ± 8.12	81.44 ± 11.81	163.00	0.017	2.391
反向眼跳	24.63 ± 9.1	14.83 ± 11.88	130.50	0.002	3.085
错误眼跳	1.48 ± 2.47	3.73 ± 4.76	199.50	0.077	1.768

将数据进行统计分析，结果发现，两组被试的反向眼跳的正确率均较低，反向眼跳正确率的被试类型差异显著，Mann Whitney U=130.50，*p*=0.002，Z=3.085；修正反向眼跳率的被试类型差异显著，Mann Whitney U=163.00，*p*=0.017，Z=2.391；错误眼跳率的被试类型差异不显著，没有统计学意义，Mann Whitney U=199.50，*p*=0.077，Z=1.768。

（三）实验 3

1. 研究方法

（1）被试

被试筛选标准同实验 1。

（2）实验仪器和设备

与实验 1 相同。

（3）实验材料和实验设计

实验材料：屏幕背景为白色，中心注视点“+”长和宽为 10 mm，颜色为黑色，目标刺激是一个直径为 5 mm 的黑色圆点。

实验设计：首先，在屏幕中心呈现注视点“+”，持续时间为随机的 1000 ms ~ 2000ms（7 个随机点），注视点“+”消失后，呈现空白屏，持续时间为 200ms，最后呈现目标刺激。目标刺激会随机地出现在注视点左侧或右侧，偏心距为 5°、10° 或 15° 的位置上，持续时间为 1000ms。目标刺激消失后，接着进行下一个试次。此实验要求被试注视呈现的目标刺激，一共 36 个试次。实验 3 单次实验流程图如图 6-4 所示。

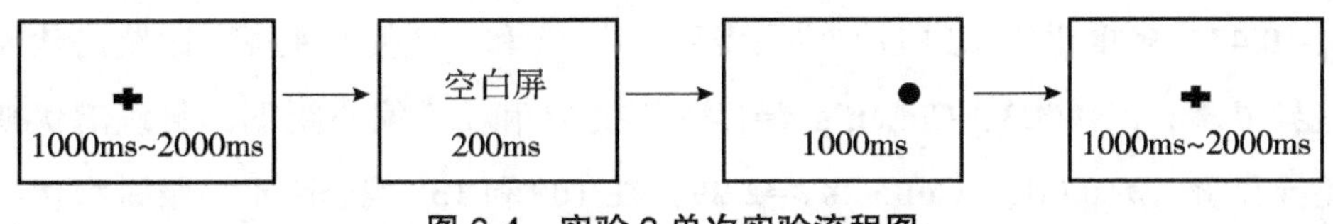

图 6-4 实验 3 单次实验流程图

（4）实验流程

其余程序和指导语，均与实验 1 相同。

2. 数据处理与实验结果分析

使用 Tobii X120 自带软件记录眼动数据并导出，用 Microsoft Office Excel 2007 软件对数据进行管理和分析，然后使用 SPSS 20.0 对数据进行统计分析及处理。

排除因头动幅度过大，或眼镜反光等因素导致眼动仪没有记录到的眼跳试次，以及极端数据。本研究以平均数加减三个标准差之外的数据为极端数据。根据以上标准，共删除的数据占总数据的 1.78%。

（1）对两组被试的视觉导向眼跳潜伏期进行 t 检验，结果发现，阅读障碍组眼跳潜伏期（M=292.68，SD=35.96）与生理年龄控制组眼跳潜伏期（M=293.60，SD=31.32）接近，被试类型差异不显著，t（45）=0.08，p=0.94，Cohen's d=0.031。

（2）两组被试视觉导向眼跳潜伏期，根据目标刺激呈现的偏心距不同，分为 5°、10° 和 15°。具体眼跳潜伏期如表 6-11 所示。

表 6-11 两组被试在预测性眼跳任务中各类型眼跳潜伏期（单位：ms）（$M \pm SD$）

组别	5°	10°	15°	F	p	η_p^2
年龄控制组	256 ± 34	296 ± 45	330 ± 54	0.017	2.391	0.470
阅读障碍组	263 ± 40	291 ± 40	327 ± 58	0.077	1.768	0.324

统计分析发现，两组被试眼跳潜伏期的偏心距主效应差异均显著。控制组眼跳潜伏期，偏心距主效应差异显著，F（2，72）=17.639，p<0.001，

η_p^2=0.47。多重比较（LSD）结果表明，在5°和10°偏心距下，眼跳潜伏期差异显著，p=0.003，Cohen's d=1.45；在5°和15°偏心距下，眼跳潜伏期差异显著，p<0.001，Cohen's d=2.29；在10°和15°偏心距下，眼跳潜伏期差异不显著p=0.074，Cohen's d=0.81。阅读障碍组眼跳潜伏期，偏心距主效应显著，F（2，63）=21.37，p<0.001，η_p^2=0.324。多重比较（LSD）结果表明，在5°和10°偏心距下，眼跳潜伏期差异不显著p=0.521，Cohen's d=0.64；在5°和15°偏心距下，眼跳潜伏期差异显著，p<0.001，Cohen's d=1.33；在10°和15°偏心距下，眼跳潜伏期差异显著，p=0.049，Cohen's d=0.90。

（四）小结

本次研究实验结果得出以下结论：①本实验结果支持了汉语阅读障碍儿童存在视觉空间注意缺陷的理论；②阅读障碍儿童预测性学习和视觉动作适应能力较差；③阅读障碍儿童眼跳抑制能力较差。阅读正常儿童容易产生正确的右侧反向眼跳，可能受阅读习惯的影响；而阅读障碍儿童更容易产生正确的左侧反向眼跳，可能是由于"左视野忽略"现象，或存在右视野注意抑制缺陷（right attention inhibitory mechanism deficit，RAI）；④阅读障碍儿童对中央视野的视觉加工不敏感，而外侧视野加工的优势微弱的几乎不存在，这可能是影响阅读障碍儿童阅读的原因之一。

第三节　阅读障碍儿童图表阅读的眼动特征

阅读障碍是指个体既不存在脑损伤，也不存在精神或智力障碍等问题，但难以准确或流畅地完成文本阅读任务，表现为阅读速度较慢，对字、词识别的正确率低，阅读成绩显著低于同龄人正常水平。常见于8～11岁的个体（Vidyasagar & Pammer，2010）。为了提高阅读障碍者的阅读效率，研究者们致力于探索更加适合阅读的信息呈现形式。

近年来，越来越多的文档使用图表作为信息载体。图表比纯文本更加简洁直观，阅读者可以直接了解数据的变化趋势（Ratwani & Trapton，2008）。图表可以促进正常读者对文本内容的掌握，也能提高阅读者自主学习的能动性（Rau，2020），但图表对阅读障碍者的阅读效率的促进作用并未被证实。也有研究表明，图表并没有对文本阅读起到增益作用（Beacham & Alty，2006）。这可能是因为与纯文本相比，图表材料包含了多种信息（如图例、横纵轴信息），要求阅读者具有较高的信息整合能力。在图表阅读过程中，图表中的图形成分捕获了阅读者的一部分注意，阅读者需要一定的时间去加工图形的坐标轴和图例（Kim et al.，2014）。由于工作记忆对信息的储存量有限，因此阅读者在加工图表时存在一定的认知负担（Shah & Freedman，2003），此类整合需求是否导致了阅读正常者和阅读障碍者图表阅读的差异，有待进一步研究。Beacham 和 Alty（2006）发现，阅读障碍者更愿意阅读配有相应图表信息的文本材料，但与纯文本阅读相比，图表与文本同时呈现的阅读成绩并无显著优势，甚至更差。当需要阅读障碍者回答与图表相关的问题时，其正确率虽然与同龄阅读正常者无显著差异，但总阅读时间更长（Kim et al.，2014）。这说明对阅读障碍者来说，配合图表的文本阅读并未表现出优势，这也从侧面揭示了阅读障碍者可能在图表阅读上也存在缺陷。也有研究者提出，阅读障碍者较差的图表理解成绩或许与言语短时记忆缺陷有关，阅读障碍者在言语短时记忆中的成绩差于年龄匹配组，但在非言语短时记忆中的成绩无明显差异（王晓辰等，2014）。因此，我们进行了一个更详细的研究，集中于解决基于新媒体学习材料的类型对阅读障碍学习者产生的可能影响。这项研究的目的是验证当前为所有学习者设计多种类型学习材料的理念是否合理。

图表通常以图形和文字相结合的形式呈现。以条形图为例，要准确理解条形图的含义，需要对文字和图形进行认知整合。理解图表的难易程度取决于很多因素，比如图表的复杂性、需要从图表中导出的信息类型和个人的能力水平等（Peebles & Cheng，2003）。此外，一些需要读者回答问题的图表也影响图表阅读的质量（Kim & Lombardino，2015）。本研究考虑到由于经验作用，两组被试在信息或问题难易度上可能存在差异，故选择信息复杂度和问题复杂度作为自变量。而图表中的坐标轴和图例中的正字法信息也影响着阅读过程（本研究中坐标轴和图例的文本信息中则包含了相关的正字法信息），正字法信息是指文字书写习惯和阅读者可以辨别书写正确与否的信息，其在汉语研究中主要涉及字形结构及组字规则。

综上，本研究旨在探讨阅读障碍儿童与阅读正常儿童图表阅读的差异，以及图表中的正字法信息是否阻碍了阅读障碍儿童的图表阅读。

本研究假设如下：①汉语阅读障碍学生的图表阅读理解成绩显著低于阅读正常学生；②正字法信息影响阅读障碍学生的图表阅读。

一、实验 1

（一）被试

参照以往研究的被试筛选方式（赵婧，毕鸿燕，杨炀，2012），使用王孝玲（1996）编制的《小学生汉字识字量测试》检测儿童识字量掌握情况，提供识字量筛选依据；使用张厚粲和王晓平（1989）修订的瑞文标准推理测验排除语言因素的影响，测查儿童的非言语推理能力，提供儿童的智力水平依据以及阅读能力评价。具体筛选标准如下：由语文老师评价阅读成绩处于班级后 5% 的学生；《小学生汉字识字量测试》成绩低于 1.5 个年级水平的学生；瑞文标准推理测验等级处于 25% 以上的学生。共选取 1108 名小学高年级儿童进行施测，筛选出阅读障碍学生（DR 组）35 人，另外抽取阅读正常学生（TR 组）35 人。被试年龄为 13~14 岁。所有参与研究的儿童裸眼视力或矫正视力正常，且未参加过眼动实验或者类似的阅读测验。

（二）实验材料

材料评定使用问卷法，采用 Likert 5 点评分方法，由 30 名不参与此项研究的高年级小学生来评定动物名称的典型性，1 代表非常不典型，5 代表非常典型。本研究选取了评分在 4.0 以上的动物名称（平均得分为 4.60）。

（三）实验设计

采用 2（被试组别：阅读障碍组、阅读正常组）× 2（信息复杂度：简单、复杂）× 2（问题复杂度：简单、复杂）三因素混合实验设计。组别为被试间变量，信息复杂度、问题复杂度为被试内变量。因变量选取了两个行为指标：被试回答问题的正确率、完成一个试次的总时间；两个眼动指标：总注视时间（total fixation time）、注视次数（number of fixation）。总注视时间是指落在兴趣区内所有注视点的时间总和，该指标对较慢或较长时间的认知加工过程较为敏感；注视次数指兴趣区被注视的总次数，该指标能有效反映阅读材料的认知加工负荷。对于认知加工负荷较大的阅读材料，读者的注视次数更多。

（四）实验仪器及程序

采用 Tobii X 120 型眼动仪，数据采样频率为 120Hz。测试时被试不需要戴头盔，头部可以小范围自由移动，保证被试眼动数据采集的可行性与屏幕之间的距离为 60cm，由 17 英寸液晶显示器呈现眼动材料，分辨率为 1024 × 768 像素。实验在温度适宜且采光效果和空气质量良好的实验室进行。首先进行双眼五点校准，然后向被试介绍指导语，并进行 6 个试次的练习，确保被试了解并熟悉实验流程后开始正式实验。每个实验包含 40 个试次，每个试次没有时间限制，被试确定答案后，自主按键进行口头回答，由主试记录答案，然后进行下一个试次。实验时间为 20 分钟 ~ 30 分钟。

（五）兴趣区的划分

如图 6-5 所示，方框为兴趣区，分别为刺激区域（S 区）以及问题区域（Q 区）。

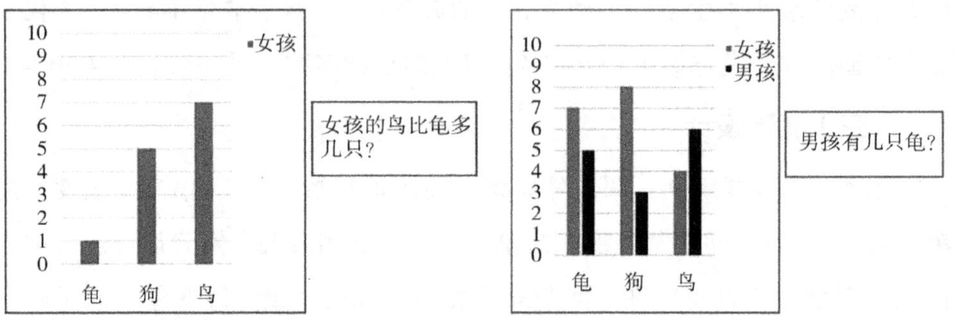

图 6-5 兴趣区的划分

（六）结果与分析

本实验除正确率之外的数据均由 Tobii X 120 眼动仪自动记录产生，正确率由主试通过计算机计算得出。选取采样率高于 75% 的数据进行统计分析，不合格的予以剔除，有效被试为阅读障碍组 33 人，阅读正常组 27 人。采用 SPSS17.0 对数据进行统计处理。结果见表 6-12。

表 6-12 行为指标与各兴趣区内眼动指标（$M \pm SD$）

指标	组别	兴趣区	复杂信息		简单信息	
			复杂问题	简单问题	复杂问题	简单问题
ACC	DR		93.75 ± 2.99	97.00 ± 1.90	95.50 ± 2.67	98.75 ± 1.71
	TR		95.58 ± 3.58	98.33 ± 2.01	98.67 ± 1.94	99.08 ± 1.39
TT	DR		9547 ± 694	5433 ± 507	6958 ± 722	50436 ± 476
	TR		6692 ± 640	4180 ± 420	4942 ± 342	3902 ± 292

续表

指标	组别	兴趣区	复杂信息		简单信息	
			复杂问题	简单问题	复杂问题	简单问题
TF	DR	S	3173 ± 215	2320 ± 230	2449 ± 233	1682 ± 169
		Q	6301 ± 458	3687 ± 344	4592 ± 476	3323 ± 314
	TR	S	2225 ± 215	1786 ± 179	1643 ± 114	1297 ± 97
		Q	4416 ± 422	2836 ± 285	3262 ± 226	2575 ± 193
FC	DR	S	20.63 ± 1.19	17.70 ± .95	17.17 ± .95	14.10 ± .76
		Q	11.30 ± .92	7.37 ± .93	8.53 ± .51	6.47 ± .51
	TR	S	15.00 ± .91	12.70 ± 1.19	12.40 ± 1.04	9.47 ± .51
		Q	8.00 ± .87	4.87 ± .82	6.67 ± .71	3.53 ± .51

注：DR—阅读障碍组，TR—阅读正常组：S—刺激区域，Q—问题区域；ACC—正确率（%），TT—单个试次总用时（ms），TF—总注视时间（ms），FC—注视次数（单位：次）

重复测量方差分析结果表明，在正确率上，问题复杂度主效应显著，$F(1,58)=23.475$，$p<0.001$，$\eta_p^2=0.288$。信息复杂度主效应和被试组别主效应均不显著（$ps > 0.05$）。问题复杂度与被试组别之间的交互作用显著，$F(1,58)=4.493$，$p<0.05$，$\eta_p^2=0.072$。简单效应分析结果表明，在高复杂问题条件下，两组被试正确率差异显著（$p<0.01$），而在低复杂问题条件下，组别差异不显著。被试组别、信息复杂度和问题复杂度三者的交互作用显著，$F(1,58)=19.498$，$p<0.001$，$\eta_p^2=0.252$。简单效应分析结果表明，在复杂问题条件下，阅读障碍组在两种信息复杂度下的正确率均显著低于阅读正常组（$ps<0.001$），而在简单问题条件下，两组被试在两种信息复杂度下的正确率均无显著差异（$ps > 0.05$）。在单个试次总用时上，被试组别的主效应显著，$F(1,58)=716.460$，$p<0.001$，$\eta_p^2=0.925$。信息复杂度的主效应显著，$F(1,58)=287.811$，$p<0.001$，$\eta_p^2=0.832$。问题复杂度的主

效应显著，$F(1,58)=215.703$，$p<0.001$，$\eta_p^2=0.788$。问题复杂度与被试组别之间的交互作用显著，$F(1,58)=8.341$，$p=0.005$，$\eta_p^2=0.126$，简单效应分析结果表明，阅读障碍组在高复杂性问题情况下的单个试次总用时显著长于低复杂性问题（$p<0.001$），而阅读正常组在两种复杂度下不显著。被试组别、信息复杂度和问题复杂度三者的交互作用显著，$F(1,58)=76.460$，$p<0.001$，$\eta_p^2=0.569$。简单效应分析结果与正确率趋势一致。

在总注视时间上，在刺激区域，被试组别的主效应显著，$F(1,58)=719.672$，$p<0.001$，$\eta_p^2=0.925$。信息复杂度的主效应显著，$F(1,58)=561.594$，$p<0.001$，$\eta_p^2=0.906$。问题复杂度的主效应显著，$F(1,58)=4.131$，$p<0.05$，$\eta_p^2=0.066$。信息复杂度与被试组别的交互作用显著，$F(1,58)=8.062$，$p<0.01$，$\eta_p^2=0.122$。简单效应分析结果表明，阅读障碍组被试在高复杂性信息情况下的注视时间显著长于低复杂性信息（$p<0.001$）。被试组别、信息复杂度和问题复杂度三者的交互作用显著，$F(1,58)=77.428$，$p<0.001$，$\eta_p^2=0.572$。简单效应分析结果与正确率趋势一致。在问题区域，被试组别的主效应显著，$F(1,58)=715.908$，$p<0.001$，$\eta_p^2=0.925$。信息复杂度的主效应显著，$F(1,58)=315.859$，$p<0.001$，$\eta_p^2=0.845$。问题复杂度的主效应显著，$F(1,58)=183.502$，$p<0.001$，$\eta_p^2=0.760$。问题复杂度与被试组别之间的交互作用显著，$F(1,58)=7.488$，$p=0.008$，$\eta_p^2=0.114$。简单效应分析表明，阅读障碍组被试在高复杂性问题情况下的单个试次总用时显著长于低复杂性问题（$p<0.001$），而阅读正常组在两种复杂度下不显著。被试组别、信息复杂度和问题复杂度三者的交互作用不显著，$F(1,58)=2.019$，$p>0.05$。注视次数数据趋势与总注视时间一致。

对刺激区域和问题区域的眼动数据分析表明，阅读障碍组对问题区域的加工时间显著长于阅读正常组。由于问题区域是由句子形式的正字法信息构成的，故在实验 2 的研究中，为了探究两组被试对于图表本身的理解，且为了避免阅读障碍组在问题区域花费过多时间，我们统一采用简单问题，兴趣区为 x 轴区域和图例区域。

二、实验 2

（一）被试

同实验 1。

（二）实验材料

用图像代替图表中的正字法信息（图 6-6），即 x 轴的信息和图表右上角的图例都用图像表示。图片来源及材料评定方法同实验 1。

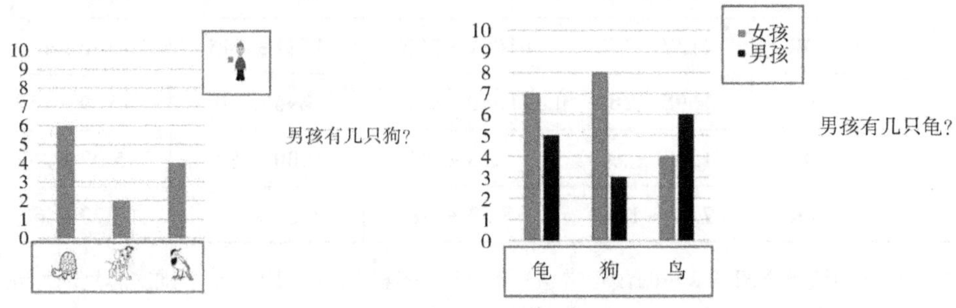

图 6-6　兴趣区的划分

（三）实验设计

实验采用 2（图表信息呈现方式：传统柱状图条件、无正字条件）× 2（信息复杂度：简单、复杂）× 2（被试组别：阅读障碍组、阅读正常组）三因素混合实验设计。信息复杂度、图表信息呈现方式为被试内变量，被试组别为被试间变量。因变量同实验 1。

（四）实验仪器及程序

同实验 1。

（五）兴趣区的划分

实验 2 中选择 *x* 轴区域和图例区域作为兴趣区（图 6-6）。

（六）结果与分析

数据处理与分析同实验 1。实验 2 结果见表 6-13。

表 6-13　两组被试在不同刺激条件下行为指标与兴趣区内眼动指标（*M* ± *SD*）

指标	组别	复杂信息		简单信息	
		传统柱状图	无正字	传统柱状图	无正字
ACC	DR	97.25 ± 3.03	98.42 ± 1.80	98.67 ± 1.43	99.50 ± 1.21
	TR	98.25 ± 1.63	98.58 ± 1.42	99.00 ± 1.55	99.17 ± 1.90
TT	DR	5452 ± 586	41893 ± 617	5043 ± 357	3907 ± 426
	TR	4208 ± 300	4185 ± 572	3889 ± 418	3928 ± 394
TF	DR	2137 ± 280	1682 ± 233	1681 ± 145	1302 ± 159
	TR	1695 ± 260	1680 ± 216	1296 ± 179	1309 ± 157
FC	DR	13.43 ± .94	7.13 ± .82	9.00 ± .83	5.07 ± .94
	TR	7.22 ± 1.00	7.53 ± .78	4.87 ± .73	4.70 ± .60

注：DR—阅读障碍组，TR—阅读正常组；ACC—正确率（%），TT—单个试次总用时（ms），TF—总注视时间（ms），FC—注视次数（单位：次）

重复测量方差分析结果表明，在正确率上，无正字条件下，阅读障碍组被试的正确率高于传统柱状图条件；而阅读正常组在无正字条件下的正确率与传统柱状图条件下无差异。两组被试在简单信息条件下的正确率高于复杂信息条件。重复测量方差分析表明，图表信息呈现方式主效应显著，F（1，58）=4.954，$p<0.05$，$\eta_p^2=0.079$。无正字条件下，两组被试的正确率显著高于传统柱状图条件。信息复杂度主效应显著，F（1，58）=20.986，$p<0.001$，$\eta_p^2=0.266$。被试组别主效应与各变量之间的交互作用均不显著（$ps>0.05$）。在单个试次总用时上，被试组别的主效应显著，

$F(1, 58)=103.620$, $p<0.001$, $\eta_p^2=0.641$。信息复杂度的主效应显著，$F(1, 58)=28.403$, $p<0.001$, $\eta_p^2=0.329$。图表信息呈现方式的主效应显著，$F(1, 58)=92.167$, $p<0.001$, $\eta_p^2=0.614$。信息呈现方式与被试组别之间的交互作用显著，$F(1, 58)=94.596$, $p<0.001$, $\eta_p^2=0.614$。简单效应分析结果表明，阅读障碍组在传统柱状图情况下的单个试次总用时显著长于无正字条件中的单个试次总用时（$p<0.01$），而阅读正常组则无显著差异。被试组别、信息复杂度和信息呈现方式三者的交互作用不显著，$F(1, 58)=0.066$, $p>0.05$。

在总注视时间上，被试组别的主效应显著，$F(1, 58)=40.376$, $p<0.001$, $\eta_p^2=0.410$。信息复杂度的主效应显著，$F(1, 58)=204.871$, $p<0.001$, $\eta_p^2=0.779$。信息呈现方式的主效应显著，$F(1, 58)=79.131$, $p<0.001$, $\eta_p^2=0.577$。信息呈现方式与被试组别之间的交互作用显著，$F(1, 58)=78.500$, $p<0.001$, $\eta_p^2=0.575$。简单效应分析结果同单个试次总用时的趋势一致。被试组别、信息复杂度和问题复杂度三者的交互作用不显著，$F(1, 58)=0.272$, $p>0.05$。在注视次数上，被试组别的主效应显著，$F(1, 58)=562.102$, $p<0.001$, $\eta_p^2=0.906$。信息复杂度的主效应也尤为显著，$F(1, 58)=723.523$, $p<0.001$, $\eta_p^2=0.926$。信息呈现方式的主效应显著，$F(1, 58)=574.233$, $p<0.001$, $\eta_p^2=0.908$。信息复杂度与被试组别的交互作用显著，$F(1, 58)=9.450$, $p<0.01$, $\eta_p^2=0.140$。简单效应分析结果表明，在高复杂信息情况下阅读障碍组注视次数显著多于阅读正常组（$p<0.001$），而在简单信息条件下则两组差异不显著。被试组别、信息复杂度和信息呈现方式三者的交互作用显著，$F(1, 58)=42.438$, $p<0.001$, $\eta_p^2=0.423$。简单效应分析结果表明，两组被试在两种信息呈现方式中信息复杂度高的情况下的注视次数显著高于低信息复杂度（$ps<0.05$），在传统柱状图条件下，阅读障碍组在两种信息复杂度下的注视次数均显著高于阅读正常组（$ps<0.001$），而在无正字条件下，两组被试在两种信息复杂度下的注视次

数均无显著差异（*ps* >0.05）。

三、讨论

本研究旨在探讨汉语阅读障碍儿童与阅读正常儿童在图表阅读任务中的差异，并探究汉语阅读障碍儿童的正字法加工缺陷是否是导致其低水平图表阅读能力的原因。实验1表明两组被试在正确率上差异不显著，我们认为原因如下：一是刺激呈现时间是由被试自主控制的；二是阅读障碍者的智力水平正常；三是刺激材料对小学高年级阅读正常学生难度较小。两组被试在眼动指标上存在显著差异，是由于在图表阅读理解任务中，阅读障碍组的成绩很可能与其言语记忆缺陷高度相关。以往研究表明，阅读障碍者的言语记忆能力存在缺陷，且言语记忆缺陷是汉语阅读障碍儿童最主要的问题（Ho et al.，2000）。除此之外，知觉加工对图表理解也至关重要，由于工作记忆对信息的短期储存量有限，阅读障碍者加工图表时存在较大负担（Shah & Freedman，2003）。Griffiths 和 Snowling（2002）的研究发现，对于9～15岁的阅读障碍者，其言语工作记忆的广度是预测阅读成绩的良好指标。在本研究中，对于阅读正常读者而言，由于刺激呈现次数的关系，其言语工作记忆负荷相对较小；但是阅读障碍读者并不具备此优势，故需要启动工作记忆来获得一个相对较好的成绩。此外，阅读障碍读者的短时记忆和工作记忆的广度较小，这也是造成其阅读能力较弱的原因。在检测图表阅读理解任务中的注视时间时，视觉呈现被分割为三个兴趣区（x轴，图例，问题）。眼动数据显示，阅读障碍被试在文本区域（问题所在位置）注视的时间更长，在总注视时间上存在组间差异。这表明处理文本区域时，产生了图表理解中的组间最大时间差异。在传统柱状图条件下的两个兴趣区（x轴，图例）中，阅读障碍者花费较阅读正常者更长的时间加工该区域。阅读材料的复杂性对于阅读障碍组单个试次总用时的影响要强于阅读正常组，即阅读材料越复杂，两组之间差异越大。实验 2 发现，阅读障碍组在传统柱状图条件下的单个试次总用时显著长于阅读正常组，但在无正字条件下两组被试的单个试次总用时无显著差异。导致这一现象的原因可能是实验 2 统一采用了简单问题，但在实验 1 的简单问题条件下阅读障碍组的单个试次总用时依然长于阅读正常组，这可能是由于图表中的正字法信息阻碍了阅读障碍被试的加工。以往研究表明，小学高年级阅读障碍儿童在数字命名和图片命名任务中的表现优于年龄匹配组（王晓辰等，2014）。据此，可以将本实验结果理解为，当正字法信息被替换为图片时，阅读障碍组被试的加工就变得相对容易。但是阅读障碍读者的这一优势是否在一定程度上弥补了阅读障碍组在加工问题区域时的缺陷，还有待进一步的研究。

在无正字条件下，阅读障碍组被试在兴趣区中的眼动指标与阅读正常组被试均没有显著差异，有的甚至低于阅读正常组被试（如阅读障碍组被试在复杂信息条件下的注视次数和简单信息条件下的总注视时间）。这与本研究的假设一致，即阅读障碍者的正字法加工缺陷是导致其图表阅读成绩低于阅读正常者的原因。由于本实验只针对阅读障碍者的正字法加工缺陷进行实验设计，但这并不是影响阅读障碍者图表阅读的唯一因素，工作记忆、注意能力以及视觉加工能力等都会在一定程度上对阅读障碍者的图表阅读产生影响。故在今后研究设计中，可以针对上述方面进行更深入的研究与探讨，以求研究更具揭示效力。

参考文献

第一章

[1] 白学军，马杰，李馨，等 . 发展性阅读障碍儿童的新词习得及其改善 [J]. 心理学报，2019，51（4）：471–483.

[2] 季军 . 阅读困难研究的回顾与介绍 [J]. 中国心理卫生杂志，1994，8（6）：276–279.

[3] 黄旭，吴汉荣，静进，等 . 汉语阅读障碍儿童在快速命名时的眼动特征 [J]. 中国心理卫生杂志，2007，21（6）：6–9.

[4] 黄秀霜，谢文玲 . 阅读障碍儿童与普通儿童的视觉辨识、视觉记忆与国文成就之比较研究 [J]. 特殊教育学报，1997（12）：321–337.

[5] 李秀红，静进，邹小兵，等 . 汉语阅读障碍儿童阅读文章的眼动试验研究 [J]. 中国心理卫生杂志，2007，21（6）：10–13.

[6] 李秀红，静进，邹小兵，等 . 汉语阅读障碍儿童的视空间即时加工能力研究 [J]. 中国学校卫生，2008，29（6）：488–489.

[7] 刘翔平，侯典牧，杨双，等 . 阅读障碍儿童汉字认知特点研究 [J]. 心理发展与教育，2004，2：7–11.

[8] 刘文理，刘翔平，张婧乔 . 汉语阅读障碍亚类型的初步探讨 [J]. 心理学

报，2006，38（5）：681–693.

[9] 栾辉，舒华，黎程正家，等．汉语发展性深层阅读障碍的个案研究 [J]. 心理学报，2002，34（4）：338–343.

[10] 孟祥芝，舒华，周晓林．汉语儿童阅读困难初探——来自阅读困难儿童的统计数据 [J]. 语言文字应用，2000（3）：63–69.

[11] 隋雪，王彦，马立波．汉语发展性阅读障碍儿童的认知缺陷研究 [J]. 中国特殊教育，2008（3）：42–47.

[12] 隋雪，吕佳．发展性阅读障碍的脑机制研究 [J]. 辽宁师范大学学报（社会科学版），2011（1）：38–40.

[13] 隋雪，方娴，任晓倩，等．发展性阅读障碍儿童阅读过程中的眼动特征 [J]. 中国特殊教育，2018（6）：53–57.

[14] 王敬欣，贾丽萍，何立媛，等．汉语发展性阅读障碍儿童内外源线索条件下的眼跳 [J]. 中国特殊教育，2013（7）：51–55.

[15] 吴思娜，舒华，刘艳茹．语素意识在儿童汉语阅读中的作用 [J]. 心理与行为研究，2005，3（1）：35–38.

[16] 吴思娜，舒华，王彧．4～6 年级小学生发展性阅读障碍的异质性研究 [J]. 心理发展与教育，2004，20（3）：5.

[17] 徐世勇，彭聃龄，薛贵，等．汉语发展性阅读障碍儿童心理机制的初步研究 [J]. 心理发展与教育，2001，4：12–16.

[18] 周晓林，孟祥芝．中文发展性阅读障碍研究 [J]. 应用心理学，2001，7（1）：25–30.

[19] 邹艳春．汉语学生发展性阅读障碍的信息加工特点研究 [D]. 广州：华南师范大学，2003.

[20] Ackerman，P. T.，Dykman，R. A. Phonological processes，confrontational naming，and immediate memory in dyslexia [J]. Journal of Learning Disabilities，1993，26（9）：597–609.

[21] Adler，G. D. & Stark，L. Eye movements，scanpaths and dyslexia [J]. Am J Optom Physiol Optics，1978，55：557–570.

[22] Alley，G. R.，Deshler，D. D.，& Warner，M. M. Identification of learning disabled adolescents：A Bayesian approach [J]. Learning Disability Quarterly，1979，2（2）：76–83.

[23] Asbjornsen，A. E.，Obrzut，J. E.，& Oyler，J. D. A cross-cultural comparison of verbal learning and memory functions in reading disabled American and Norwegian adolescents [J]. Scandinavian Journal of Psychology，2014，55（2）：115–122.

[24] Atkinson，J. Visual crowding in dyslexia [J]. Vision and visual dyslexia，1991，13：130–136.

[25] Baddeley，A. D.，Thomson，N. & Buchanan，M. Word length and the structure of short-term memory [J]. Journal of Verbal Learning and Verbal Behavior，1975，14（6）：575–589.

[26] Biscaldi，M.，Fischer，B.，& Hartnegg，K. Voluntary saccadic control in dyslexia [J]. Perception，2000，29（5）：509–521.

[27] Bonacina，S.，Cancer，A.，Lanzi，P. L.，et al. Improving reading skills in students with dyslexia：the efficacy of a sublexical training with rhythmic background [J]. Frontiers in psychology，2015，6：1510.

[28] Bonfiglio，L.，Bocci，T. & Minichilli，F.，et al. Defective chromatic and achromatic visual pathways in developmental dyslexia：Cues for an integrated intervention programme [J]. Restorative Neurology and Neuroscience，2017，35（1）：11–24.

[29] Britten，K.，Shadlen，M. & Newsome，W.，et al. The analysis of visual motion：A comparison of neuronal and psychophysical performance [J]. Journal of Neuroscience，1992，12（12）：4745–4765.

更多参考文献，请扫描下方二维码，关注“心理经纬度”微信公众号，输入关键字“阅读障碍的认知机制及实证研究”获取资源下载链接。

心理经纬度

致 谢

科学研究是一项艰苦且漫长的工作。2015 年 12 月我毕业于大连理工大学，并获得管理学博士学位；2016 年就职于辽宁师范大学心理学院，开始探索专业对接与转型。这不只是比较辛苦的工作，而是非常辛苦。幸运的是，2019 年 10 月，在辽宁省人才项目支持下，我进入辽宁师范大学心理学博士后流动站；更幸运的是，我遇见了我的博士后合作导师隋雪教授，在他的帮助下，我开始了专业转型。

2020 年，我开始了本书的写作和对言语加工研究的初步探索，并在《心理科学进展》发表了自己的第一篇综述。从那一年开始，我正式加入了言语加工领域的研究大军，并喜欢上了这个领域，愿意为之付出努力、砥砺前行！一路走来，感谢隋雪教授给予的耐心指导，以及帮助与鼓励，感谢隋雪教授让我感受到了学术研究的快乐，也让我从他身上学到了坚持和对教育的热爱！

本书的部分章节是与研究生们共同讨论并完成写作的。其中包括已经毕业的黄子珊、赵一静、王莹、刘玲、郑好，以及在读的高璇、史汉文、于腾等。感谢他们在忙于学业的同时，还能将时间奉献给本书。

本书借鉴了（按姓氏笔画顺序）白学军教授、毕鸿燕教授、李兴珊教授、周晓琳教授、舒华教授等国内专家的研究成果，也借鉴了 Critchley 关于词盲（word-blindness）的研究、Samuel kirk 关于阅读困难的研究，以及本书列出的所有参考文献的研究成果。真诚地感谢他们为本领域研究做出的开创性工作，以及对本书的启示。

本书也得到了一些项目的支持，包括教育部人文社会科学规划基金项目（19YJA190005）、辽宁师范大学高端培育项目（21GDW005）、辽宁省教育厅一般科研项目（LJKZ0988）、国家留学基金项目（202008210375），感谢这些基金的慷慨资助。

感谢中国纺织出版社有限公司编辑的付出，是他们的辛勤工作、耐心校对，保证了本书的质量，呈现给读者一本可读性更强的书。

本人在德国留学期间完成了本书的最后成稿。感谢国家留学基金委的支持，感谢德国 Wuppertal 大学 Ralph Radach 教授提供给我的访学机会，也非常感谢 Markus Hofmann 作为我的访学导师的尽职尽责。

感谢我的父母和我的姐姐李明姬女士，感谢我的先生和儿子，是他们的支持让我全身心投入本书的写作，并出国留学。

最后，感谢未来的读者们，你们的阅读以及有价值的反馈，是本书出版的目的和进一步改进的动力。

李雨桐

于德国 Wuppertal 大学